Georg Popp
Lobpreis

Georg Popp

Lobpreis

Gebete aus der Bibel,
die Mut und Kraft schenken

Quell Verlag Stuttgart
Verlag Friedrich Pustet Regensburg

Die Bibeltexte sind mit freundlicher Genehmigung der Deutschen Bibelgesellschaft der Übersetzung »Die Gute Nachricht« entnommen. Gebet Seite 141: Text-Übertragung von Maria Luise Thurmair und Markus Jenny (Rechte bei Christophorus Verlag, Freiburg).

1. Auflage 1986, 1.-12. Tausend
2. Auflage 1989, 13.-22. Tausend

ISBN 3-7918-2030-3 (Quell)
       3-7918-1014-1 (Pustet)

Inhalt

Lobpreis der Liebe Gottes

Lobpreis der Treue Gottes

Lobpreis der Zuflucht Gottes

Lobpreis der Hilfe Gottes

Dank für Gottes große Taten

Herr, ich vertraue dir

Loblied auf Gottes Weisungen

Um Führung und Hilfe

Um Schutz und Segen
Um Vergebung
Gebet im Alter

Hinweise
für bestimmte Gebets-Anlässe

Das Inhaltsverzeichnis ist so gegliedert, daß Sie bereits dort für die verschiedensten Anlässe viele Gebetshinweise finden. Zusätzlich hier einige weitere Anregungen und am unteren Rand der Seite Gelegenheit zum Notieren Ihrer Lieblingsgebete.

Verzeichnis der Psalmen und Dank-/Lobpreislieder

Gebete, die mein Leben verändern

Im Gebet suchen viele gläubige Christen Hilfe bei Gott: Wir beten um Heilung von Krankheiten, um Befreiung von Ängsten und Depressionen, um Schutz in der Einsamkeit, um Hilfe in Verlassenheit. Wir beten für unsere Kinder und Freunde, für unsere Eltern und Angehörigen. Und wir finden Trost im Gebet, Geborgenheit bei Gott, einen neuen Ansporn für unser Leben.

Aber dann läuft alles wieder so weiter wie bisher. Die Depressionen kommen von neuem, die Hilflosigkeit, die Ängste, die Krankheiten . . .

Und doch hat uns Gott immer wieder verheißen: »Hab keine Angst; ich stehe dir bei« (Gen 26,24); »Ihr braucht keine Angst zu haben; denn der Herr, euer Gott, ist bei euch. Er ist stark und mächtig« (Dtn 7,21); »Sei tapfer und entschlossen! Ich werde dir beistehn« (Dtn 31,23).

Gott will uns beistehen

Daran brauchen wir nicht zu zweifeln. Das ist nicht nur eine einmalige, sondern eine *immer wiederkehrende Verheißung Gottes:* »Ich stehe euch bei« (Gen 26,24; Ex 14,13f; Num 14,9; Dtn 1,29f; 3,22; 7,21; 20,2ff; 31,6ff; 31,23). Noch viele weitere Stellen könnte ich Ihnen anführen. Lesen Sie zum Beispiel auch einmal Zefanja 3,17 oder Jesaja 41,10:

»Fürchte dich nicht, ich stehe dir bei! Hab keine Angst, ich bin dein Gott! Ich mache dich stark, ich helfe dir, ich schütze dich mit meiner siegreichen Hand!«

Gott will uns stark machen

Nicht nur beschützen und helfen. *Stark machen* will uns Gott! Kraft und Mut für unser Leben geben! Warum aber erfahren wir so wenig davon?

Weil wir uns vielleicht nicht richtig verhalten? Weil unsere Gebete zu Gott möglicherweise zu schwach sind? Weil wir unter Umständen noch viel mehr beten müßten?

Nicht die Anzahl unserer Gebete, sondern ihren Inhalt müssen wir verändern! Unseren Geist, in dem wir zu Gott beten!

Wäre nicht auch auf uns sehr oft das Wort von Jesus anzuwenden: »Wenn ihr aber betet, plappert nicht daher wie die Heiden. Denn sie meinen erhört zu werden, wenn sie viele Worte machen. Macht es aber nicht wie sie. Euer Vater weiß ja, was ihr braucht, bevor ihn bittet« (Mt 6,7f).

Euer Vater weiß ja, was ihr braucht

Wie aber sollen wir beten? Paulus zeigt uns immer wieder, was Gott wirklich von uns will:
»Aus freiem Willen entschloß sich Gott, uns als seine Kinder anzunehmen . . . *damit wir seine große Güte preisen*« (Eph 1,5).
»Wir sollten *ein lebendiger Lobpreis seiner Herrlichkeit* werden« (Eph 1,12). Und zwei Verse weiter lesen wir: »Gott will uns die *volle Befreiung* schenken . . . damit wir *seine große Herrlichkeit preisen*« (Eph 1,14).

Damit wir seine große Herrlichkeit preisen

und Gott, dem Schöpfer, Dank sagen für alles, was er in seiner Schöpfung geschaffen und in unserem Leben immer wieder neu an Wundern geschehen läßt: das gehört zum Sinn unseres von Gott gewollten Lebens! Gott preisen und danken!
»*Euer ganzes Leben soll ein einziger Dank sein*« (Kol 3,17).
»*Wir können unserem Gott nicht genug danken*« (1 Thess 3,9).
»*Dankt Gott in jeder Lebenslage. Das will Gott von denen, die mit Jesus Christus verbunden sind*« (1 Thess 5,18).
Auch Petrus ruft es der ganzen Kirche zu: »Gott hat euch aus der Dunkelheit in sein wunderbares Licht gerufen, *damit ihr seine machtvollen Taten verkündet*« (1 Petr 2,3).

Damit ihr seine machtvollen Taten verkündet

Gott will meinen Lobpreis! Weil ich erst im Lobpreis, erst in der *Verherrlichung Gottes* Gott wirklich in meinem Leben erfahren kann. »Gott *wohnt im Lobpreis* seines Volkes«, sagt der Psalmist (Ps 22,4).
Wo ich Gottes Macht erkenne, wo ich Gottes Herrlichkeit preise und ihm danke für seine wunderbaren Taten, dort greift Gott besonders ein und hilft mir, mein eigenes Leben stark und mutvoll zu machen!

»Mit meinem Gott überspringe ich Mauern«

heißt es in Psalm 18,30. Wenn mein Gott aber nur 2.50 m groß ist – weil ich ständig nur auf meine eigenen Anliegen und nicht auf Gottes machtvolles Wirken schaue –, dann kann ich mit ihm natürlich keine Mauer von 5 m Höhe überspringen!

Je größer aber Gott in meinem Herzen wird, weil mir durch den Lobpreis Gottes immer mehr seine Macht und Herrlichkeit – aber auch sein wunderbares Wirken in meinem eigenen Leben – bewußt wird, *je größer ich Gott durch meinen Lobpreis mache,* um so leichter kann ich *mit ihm auch die Mauern meines Lebens überspringen!*

Und Gott wird auch mir durch den Lobpreis immer mehr zum Helfer und Beschützer, zur Zuflucht, zur Burg auf steiler Höhe, die kein Feind mehr einnehmen kann:

»Ich liebe dich, Herr, denn durch dich bin ich stark!

Du mein Fels, meine Burg, mein Retter; du mein Gott, meine sichere Zuflucht, mein Beschützer; mein starker Helfer, meine Festung auf steiler Höhe!

Wenn ich zu dir um Hilfe rufe, dann rettest du mich vor den Feinden. Ich preise dich, Herr!« (Ps 18,2-4).

Ich preise dich, Herr!

Spüren Sie die Kraft, die aus einem solchen Lobpreis Gottes in Ihr Leben überströmen kann?

Als mich einmal um Mitternacht in einem Bergdorf in Graubünden zum wiederholten Male starke Schmerzen überfielen – ich war allein zum Bücherschreiben, 1600 m hoch, weit weg vom nächsten Arzt – und in mir eine große Angst aufstieg, daß ich jetzt vielleicht doch mit einer lebensbedrohenden Krankheit rechnen müsse . . . da griff ich in meiner Not zur Bibel und schlug die Psalmen auf. Und als ich den Psalm 145 betete, kam eine große Ruhe über mich und alle Angst war vorüber . . .

(Ich will den Psalm hier nicht im einzelnen wiederholen, Sie finden ihn auf Seite 36 dieses Bändchens. Schlagen Sie ihn einmal auf, wenn Sie in Not sind! Gott wird auch Ihnen aus diesem Gebet Ruhe, Vertrauen, Kraft und neuen Mut zukommen lassen!)

Die Wirkungen des Lobpreises:

Durch den Lobpreis erfahre ich Gottes Nähe in meinem Leben. *Gott greift spürbarer in mein Leben ein, je größer ich ihn durch meinen Lobpreis mache!*

Durch die Verherrlichung Gottes komme ich weg von meinen vielen kleinen und großen Sorgen, weg von meinen Wehwehchen und Eifersüchteleien, weg von meinen Behinderungen und Schwächen. Immer mehr stehen Gott und seine Herrlichkeit und nicht mein Ego und meine kleinlichen Wünsche im Mittelpunkt meines Lebens.

So öffnet mir der Lobpreis *einen neuen Raum für neue geistliche Erfahrungen!*

Ich komme stärker weg von mir und näher hin zu Gott; ich werde *feinfühliger* und *aufmerksamer* für Gottes Wirken in meinem Leben.

Denn wahrer Lobpreis setzt *sehen* und *hören* und *fragen* voraus: Wofür darf ich jetzt Gott danken? So öffnet der Lobpreis immer mehr mein Herz für die überall wirkende Liebe Gottes und macht mich *dankbarer* und *sensibler* in meinem Leben.

Eine neue Freude

erfüllt mein Leben: Je *aufgeschlossener* ich für Gottes Wirken werde, umso dankbarer werde ich gegenüber Gott. Jetzt – wo ich mit offenen Augen und einem offenen Herzen durch die Welt gehe – spüre und merke ich es viel öfter und deutlicher als früher: Gott ist ja wirklich bei mir. Gott hilft mir. Gott läßt mich nicht allein. Er steht mir bei.

Die Freude an Gott und Gottes Hilfe macht mein Leben *froher* und *zuversichtlicher:* Ich bin nicht mehr allein. Gott ist so gut zu mir! Wie er mich täglich neu beschenkt, führt, begleitet . . .

Halleluja!

Mein Gott ist so gut zu mir! Und mit Augustinus fangen wir an zu singen: »Laßt uns Halleluja singen, so viel wir können. Halleluja, das Lob Gottes, *wird unsere ganze Freude sein.* Es wird unser *Trank,* unsere *Speise,* unser *Tun* sein.« Und aus dieser Freude heraus kommt

ein neues Leuchten

in unser Leben, ein neues Leuchten in unsere Gesichter! Wir laufen nicht mehr trübselig herum oder liegen nicht mehr hoffnungslos in unserem Krankenbett: Der Lobpreis Gottes bringt ein neues Licht, eine neue Hoffnung, neuen Frieden in mein Leben! Denn ich weiß und erfahre immer mehr: *Gott will mein Heil.* Gott will meinen Frieden. Meine Freude. Meine Gesundheit.

Dieses immer sichtbarer werdende Vertrauen »Gott wirkt auch heute noch in der Welt, auch heute noch in meinem Leben«, »Gott meint es gut mit mir« *aktualisiert und aktiviert die heilende Kraft Gottes hier und jetzt in meinem Leben!*

Auch die Tochter Stalins,
Swetlana Allilujewa, hat diese Wirkkraft des Lobpreises in
ihrem eigenen Leben erfahren! Mitten im Atheismus aufge-
wachsen, erzogen von einem Mann, der wohl einer der
größten Gottesfeinde und Menschenverächter war, deren
eigene Mutter durch Selbstmord geendet hat, steht Swetlana mit 35 Jahren vor der Frage, ob sie sich nicht lieber das
Leben nehmen soll. Da begegnet sie einem Konvertiten,
Andrè Siniawski, der ihr die Psalmen erklärt. »Vom beten
der Psalmen an war mein Leben jeden Tag neu von einer
unergründlichen Quelle erfüllt, die gekräftigt hat wie die
Sonne«, schreibt Swetlana später in einem Lebensbericht.

Von König David bis heute
Seit drei Jahrtausenden – König David, der die meisten Psalmen verfaßte, lebte etwa um 1010-970 vor Christus – bis
heute verherrlichen gläubige Menschen Gott im Lobpreis
der Psalmen . . .
Noch vieles wäre über die Kraft und die positive Ausstrah-
lung des Lobpreises auf unser Leben zu berichten. Aber
probieren Sie es doch selbst aus!
Was soll ich Ihnen noch alles sagen, wie der Lobpreis uns
hilft in Anfechtungen und Depressionen, wie der Lobpreis
mich *befähigt zur Versöhnung und Vergebung,* wie der Lobpreis immer mehr *mein Herz für die Liebe Gottes und für
meine Mitmenschen* öffnet . . .
Wie der Lobpreis mir ein ganz neues Herz schenkt, wie ich
demütig und *gehorsam* werde, wie ich *von Sünden und
Schwächen befreit, von Krankheiten und Einsamkeit geheilt* werden kann:
Fangen Sie an, Gott immer mehr und immer öfter in Ihrem
Leben zu preisen und zu danken und

Ihr Leben wird verändert werden!
Der sich über Gott freuende, der Gott lobende und prei-
sende Mensch wird *freier,* wird *wesentlicher,* wird *gelassener!*
Aber: man muß es tun! Was soll ich Ihnen von der Herrlichkeit der Bergwelt vorschwärmen? Man muß die Berge
selbst erleben.
Was soll ich Ihnen von der Wirkung einer frischen, saube-
ren Gebirgsluft viel erzählen? Man muß sie selbst einatmen.
Was soll ich Ihnen von der Erfrischung eines Bades im See
viel berichten? Man muß selbst einmal weit hinaus ge-
schwommen sein . . .

Wir Menschen des 20. Jahrhunderts

sind zu viel »verkopft«. Wir diskutieren alles mit gescheiten Worten, bedenken alles im Kopf und sammeln zu wenig Erfahrung in unserem Herzen.

Fangen Sie an, *Gott in Ihren Alltag* zu holen und ihn im Alltag zu preisen: Ihr Leben wird verändert werden!

Morgens beim Aufstehen – die ersten Gedanken sollten immer Gott, unserem Schöpfer und Herrn, gehören! Wie soll mein Leben kraftvoll werden, wenn ich es ohne den beginne, von dem allein alle Kraft ausgeht?

Preisen Sie Gott, bevor Sie eine neue, wichtige Arbeit beginnen . . .

Loben Sie Gott vor dem Mittag- und Abendessen . . .

Wenn Sie irgendwo warten müssen . . .

Bevor Sie sich schlafen legen . . .

»Laßt nicht nach im Beten. *Dankt Gott in jeder Lebenslage. Das* will Gott von denen, die mit Jesus Christus verbunden sind« (1 Thess 5,17f).

Der Lobpreis

Dieses kleine Buch – und seine tägliche Benutzung im Alltag – wird zur großen Kraftquelle Ihres Lebens werden! Sie müssen es nur benutzen und *regelmäßig, täglich und in großer Treue* den Herrn loben und preisen! Alle Ihre Schwierigkeiten und Probleme werden sich wandeln in Zuversicht und Hoffnung, in Licht und Freude.

Und eine neue Kraft und ein neuer Lebensmut werden Sie erfüllen!

Georg Popp

Zum praktischen Gebrauch

● Wer ein wenig in sich hineinhört, findet viele Gründe und Möglichkeiten, Gott zu loben und zu preisen: Im Wartezimmer ebenso wie als Beifahrer im Stau auf der Autobahn, im Krankenbett wie am frühen Morgen eines neuen Arbeitstages.
Sie sollten »Lobpreis« daher überall bei sich haben. In die Jackentasche der Männer paßt er genauso wie in die Handtasche der Damen, auf dem Nachttisch im Krankenhaus hat er Platz wie im Handschuhfach Ihres Wagens.

● Nehmen Sie jeden Tag einen Vers mit in Ihren Alltag und wiederholen Sie ihn immer wieder. (»Der Herr ist mein Licht, er befreit mich und hilft mir, darum habe ich keine Angst« / »Ich liebe dich, Herr, denn durch dich bin ich stark!« / »Mit dir, meinem Gott, überspringe ich Mauern«.)
Sie werden spüren, welch eine Kraft vom Lobpreis Gottes auf Ihren Alltag ausgeht!

● Wenn eine Anfechtung, eine Angst oder eine Depression Sie überfallen will, gehen Sie *sofort* in den Lobpreis, beten Sie sogleich einen Sie besonders ansprechenden Psalmvers! Auch Sie werden erfahren wie ein Freund von mir, daß Anfechtungen überwunden werden und Ängste oder Depressionen gar nicht mehr hochkommen, wenn wir *unmittelbar* beim ersten ängstlichen oder sündhaften Gedanken einen Lobpreisvers beten!

Außer den o.a. Ps 27 Seite 133, Ps 18 Seite 54 und 108 eignen sich besonders gut: Ps 23 Seite 56, Ps 139 Seite 62 und Ps 145 Seite 36.
Doch finden Sie selbst den Psalm, der Ihnen am meisten entspricht! Entdecken Sie Ihr eigenes, persönliches Lobpreisgebet und nehmen Sie dieses mit in Ihren Alltag!

Zum Beten in Gemeinschaft

● Den Kehrvers (V/A) betet zuerst ein Vorbeter (V), dann wiederholen ihn alle (A). Am Schluß beten ihn gleich alle gemeinsam.

● Die ungeraden (1, 3, 5) und die geraden (2, 4, 6) Verse sollten abwechselnd von der linken und der rechten Seite gebetet werden, oder im Wechsel zwischen Vorbeter bzw. Schola (1, 3, 5) und der Gemeinschaft (2, 4, 6).

● Ein Querstrich (/) – wie auch ein Strichpunkt, ein Doppelpunkt, ein Ausrufezeichen bezeichnen eine knappe Pause; ein Sternchen (*) eine größere Pause. Beim Sternchen betet man am besten *zweimal still* »Amen«. Dadurch hat die Gemeinschaft ein Maß für eine einheitliche Pause. Gleichzeitig bekräftigen wir durch unser stilles »Amen, Amen« (= Wahrlich, so ist es) die Aussagen des Verses.

● Im Anschluß an einen gemeinsam gebeteten Text kann man den Inhalt noch einmal meditieren, indem jeder *den einen* Vers laut wiederholt, der ihn besonders angesprochen hat. Wenn ein Vers laut wiederholt wurde, dann nicht sofort – wie bei einem Maschinengewehr – die nächsten Verse anschließen, sondern zuerst in der Stille kurz über den gesprochenen Vers nachdenken, was dieser auch mir zu sagen hat.

Ob allein oder in Gemeinschaft:

Das Lobpreisgebet wird zur großen Kraftquelle in meinem Leben, wenn ich treu, Tag für Tag, im Lobpreis bleibe. Es kommt dabei nicht so sehr auf die Menge und Anzahl an, sondern auf die Treue und Regelmäßigkeit!

»Die Freude am Herrn wird euch Mut geben!« (Neh 8, 10)

NB: Verwenden Sie »Lobpreis« auch als Geschenk: Mit »Lobpreis« schenken Sie Freude, Kraft und neuen Mut!

Lobpreis des mächtigen Gottes

Preist den Herrn, alle seine Geschöpfe

(Der Lobgesang der drei Männer im Feuerofen –
Daniel 3,51-90 / bzw. A 29-67)

V/A: *Preist den Herrn, alle seine Geschöpfe!*
1. Wir preisen dich, Herr, / du Gott unserer Vorfahren!*
Man muß dich loben und rühmen in Ewigkeit!
  2. Wir preisen deinen heiligen, erhabenen Namen!*
  Man muß ihn über alles loben und rühmen in Ewigkeit!
3. Wir preisen dich in deinem himmlischen Heiligtum!*
Man muß dich feiern und rühmen in Ewigkeit!
  4. Wir preisen dich, der du über den Keruben thronst
  und in die tiefste Tiefe schaust!*
  Man muß dich loben und verherrlichen in Ewigkeit!
5. Wir preisen dich, der du über dem Himmelsgewölbe
thronst!*
Man muß dir singen und deinen Ruhm verkünden in Ewigkeit!
  6. Preist den Herrn, alle seine Geschöpfe!*
  Singt ihm! Rühmt ihn in Ewigkeit!
7. Preist den Herrn, ihr Himmel!*
Singt ihm! Rühmt ihn in Ewigkeit!
  8. Preist den Herrn, ihr seine Engel!*
  Singt ihm! Rühmt ihn in Ewigkeit!
9. Preist den Herrn, ihr Wasser über dem Himmel!*
Singt ihm! Rühmt ihn in Ewigkeit!
  10. Alle Mächte am Himmel und in den Lüften sollen den
  Herrn preisen!*
  Sie sollen ihm singen und ihn rühmen in alle Ewigkeit!
11. Preist ihn, / Sonne, Mond und Sterne!*
Singt ihm! Rühmt ihn in Ewigkeit!
  12. Preist ihn, Regen und Tau, / Winde, Feuer und Glut!*
  Singt ihm! Rühmt ihn in Ewigkeit!
13. Preist ihn, Frost und Hitze, / Nebel und Reif!*
Singt ihm! Rühmt ihn in Ewigkeit!
  14. Preist ihn, Tag und Nacht, / Licht und Finsternis!*
  Singt ihm! Rühmt ihn in Ewigkeit!
15. Preist ihn, Eis und Kälte, / Hagel und Schnee, / Blitze
und dunkle Wolken!*
Singt ihm! Rühmt ihn in Ewigkeit!
  16. Die ganze weite Erde soll den Herrn preisen!*
  Sie soll ihm singen und ihn rühmen in Ewigkeit!
17. Preist ihn, Berge und Hügel / und alle Gewächse auf der
Erde!*
Singt ihm! Rühmt ihn in Ewigkeit!

18. Preist ihn, / Meere, Ströme und Quellen!*
Singt ihm! Rühmt ihn in Ewigkeit!
19. Preist ihn, ihr Fische und alle Wassertiere!*
Singt ihm! Rühmt ihn in Ewigkeit!
20. Preist ihn, alle Vögel!*
Singt ihm! Rühmt ihn in Ewigkeit!
21. Preist ihn, alle Landtiere, / die wilden und die gezähmten!*
Singt ihm! Rühmt ihn in Ewigkeit!
22. Preist den Herrn, alle Menschen!*
Singt ihm! Rühmt ihn in Ewigkeit!
23. Preist ihn, ihr Israeliten!*
Singt ihm! Rühmt ihn in Ewigkeit!
24. Preist ihn, seine Priester / und alle, die ihm dienen!*
Singt ihm! Rühmt ihn in Ewigkeit!
25. Preist ihn alle, die ihm die Treue halten, / die ihm demütig ergeben sind!*
Singt ihm! Rühmt ihn in Ewigkeit!
26. Preist den Herrn, Hananja, Asarja und Mischael!*
Singt ihm! Rühmt ihn in Ewigkeit!
27. Denn er hat uns vor der Vernichtung bewahrt / und uns der Gewalt des Todes entrissen.*
Aus dem lodernden Feuer hat er uns gerettet, / mitten aus dem glühenden Ofen.
28. Dankt dem Herrn, / denn er ist gut zu uns!*
Seine Liebe hört niemals auf.
29. Preist den einzig wahren Gott, / ihr seine Getreuen!*
Preist ihn, dankt ihm, / denn seine Liebe hört niemals auf.
Kehrvers

Er allein ist unvergleichlich groß
(Psalm 148)

V/A: *Halleluja – Preist den Herrn!*
1. Preist den Herrn, alle seine Geschöpfe,*
preist ihn dort in der Höhe!
   2. Lobt ihn, alle seine Engel!*
   Lobt ihn, ihr himmlischen Mächte!
3. Lobt ihn, Sonne und Mond!*
Lobt ihn, ihr leuchtenden Sterne!
   4. Lobt ihn, ihr Weiten des Himmels,*
   und ihr Gewässer über dem Himmelsgewölbe!
5. Sie alle sollen den Herrn rühmen,*
denn sein Befehl rief sie ins Dasein.
   6. Er stellte sie für immer an ihren Platz *
   und setzte ihnen eine Ordnung, / die sie niemals übertreten dürfen.
7. Preist den Herrn, alle seine Geschöpfe,*
preist ihn unten auf der Erde!
   8. Lobt ihn, ihr Ozeane,*
   ihr Ungeheuer im Meer!
9. Lobt ihn, Blitze, Hagel, / Schnee und Wolken,*
ihr Stürme, die ihr seinen Befehl ausführt!
   10. Lobt ihn, ihr Berge und Hügel,*
   ihr Obstbäume und Wälder!
11. Lobt ihn, wilde und zahme Tiere,*
ihr Vögel und alles Gewürm!
   12. Lobt ihn, ihr Könige und alle Völker,*
   ihr Fürsten und Mächtigen der Erde!
13. Lobt ihn, ihr Männer und Frauen,*
Alte und Junge miteinander!
   14. Sie alle sollen den Herrn rühmen! / Er allein ist unvergleichlich groß;*
   seine Macht umfaßt die ganze Welt.
15. Das Volk Israel steht ihm nahe; / durch ihn ist es groß
und mächtig geworden.*
Darum bleibt es ihm treu und preist ihn!
Kehrvers

Von allem Anfang an warst du da
(Psalm 93)

V/A: *Von allem Anfang an warst du da.*
1. Der Herr ist König! / Hoheit umhüllt ihn wie ein Mantel,*
Macht umgibt ihn wie ein Gürtel.
   2. Die Erde ist fest gegründet,*
   sie stürzt nicht zusammen.
3. Herr, seit undenklichen Zeiten steht dein Thron,*
von allem Anfang an warst du da.
   4. Das Meer tobte, es tobte und toste mit Gebrüll – *
   und immer noch möchte es toben, das Meer!
5. Mächtig ist das Brüllen des Meeres, / mächtiger noch
sind seine Wellen,*
doch am mächtigsten, Herr im Himmel, bist du!
   6. Deine Weisungen verdienen volles Vertrauen, / und
   deinen Tempel soll jeder achten,*
   ihn anerkennen als heiligen Ort für alle kommenden
   Zeiten.
Kehrvers

Unergründlich tief ist seine Weisheit
(Römer 11,33-36)

V/A: *Unergründlich tief ist seine Weisheit.*
1. Wie unerschöpflich ist Gottes Reichtum! /
Wie unergründlich tief ist seine Weisheit!*
Wie unerforschlich ist alles, was er tut!
   2. Ob er verurteilt oder Gnade erweist – *
   in beidem ist er gleich unbegreiflich.
3. Wer kennt die Gedanken des Herrn?*
Braucht er etwa einen, der ihn berät?
   4. Wer hat Gott jemals etwas gegeben,*
   wofür er eine Gegenleistung fordern könnte?
5. Gott hat alle Dinge geschaffen.*
Sie bestehen durch ihn und haben in ihm ihr Ziel.
   6. Gepriesen sei er für immer und ewig!*
   Amen.
Kehrvers

Alles hast du weise geordnet
(Psalm 104)

V/A: *Den Herrn laßt uns preisen!*
1. Herr, mein Gott, wie bist du so groß! / In Hoheit und Pracht bist du gekleidet,*
in Licht gehüllt, als wäre es ein Mantel.
    2. Wie ein Zeltdach spannst du den Himmel aus,*
    deine Wohnung hast du über dem Himmelsozean gebaut.
3. Du nimmst die Wolken als Wagen *
oder fliegst auf den Flügeln des Windes.
    4. Der Sturm ist dein Bote *
    und das Feuer dein Gehilfe.
5. Du hast die Erde auf Pfeilern erbaut,*
nun steht sie fest und stürzt nicht zusammen.
    6. Die Fluten hatten das Land bedeckt,*
    über den höchsten Bergen stand das Wasser.
7. Vor deiner Stimme bekam es Angst;*
es floh vor deinem Donnergrollen.
    8. Von den Bergen floß es ab in die Täler,*
    dorthin, wo du es haben wolltest.
9. Dann hast du dem Wasser Grenzen gesetzt,*
nie wieder darf es die Erde überfluten.
    10. Du läßt Quellen entspringen und zu Bächen werden;*
    zwischen den Bergen suchen sie ihren Weg.
11. Sie dienen dem Wild als Tränke,*
Wildesel löschen dort ihren Durst.
    12. An den Ufern bauen die Vögel ihre Nester,*
    aus dichtem Laub ertönt ihr Gesang.
13. Vom Himmel schickst du den Regen herab auf die Berge;*
so sorgst du dafür, daß die Erde sich satt trinkt.
    14. Du läßt Gras wachsen für das Vieh / und Pflanzen, die der Mensch für sich anbaut,*
    damit die Erde ihm Nahrung gibt:
15. Der Wein macht ihn froh, / das Öl macht ihn schön,*
das Brot macht ihn stark.
    16. Auch die großen Bäume trinken sich satt,*
    die Libanonzedern, die du gepflanzt hast.
17. In ihren Zweigen nisten die Vögel,*
hoch in den Wipfeln hausen die Störche.
    18. Den Steinböcken gehören die hohen Berge,*
    in den Felsen finden die Klippdachse Zuflucht.

19. Du hast den Mond gemacht, um die Zeit zu messen;*
die Sonne weiß, wann sie untergehen muß.

    20. Schickst du die Dunkelheit, so wird es Nacht,*
    und die Tiere im Dickicht werden lebendig.

21. Die jungen Löwen brüllen nach Beute;*
sie erwarten von dir, Gott, daß du sie satt machst.

    22. Geht dann die Sonne auf, so ziehen sie sich zurück *
    und ruhen sich in ihren Schlupfwinkeln aus.

23. Nun erwacht der Mensch; er geht an seine Arbeit *
und müht sich, bis es wieder Abend wird.

    24. Herr, was für Wunder hast du vollbracht! / Alles hast
    du weise geordnet;*
    die Erde ist voll von deinen Geschöpfen.

25. Da ist das weite, unermeßliche Meer, / darin wimmelt
es von Lebewesen,*
von großen und kleinen Tieren.

    26. Schiffe ziehen dort ihre Bahn / und die gefährlichen
    Meerungeheuer – *
    du hast sie geschaffen, um damit zu spielen.

27. Alle deine Geschöpfe warten darauf,*
daß du ihnen Nahrung gibst zur rechten Zeit.

    28. Sie nehmen, was du ihnen ausstreust;*
    du öffnest deine Hand, und sie alle werden satt.

29. Doch wenn du dich abwendest, sind sie verstört.*
Wenn du den Lebenshauch zurücknimmst, / kommen sie
um und werden zu Staub.

    30. Schickst du aufs neue deinen Atem, / so entsteht
    wieder Leben.*
    Du gibst der Erde ein neues Gesicht.

31. Für immer bleibe die Herrlichkeit des Schöpfers sichtbar;*
der Herr freue sich an dem, was er geschaffen hat!

    32. Er sieht die Erde an, und sie bebt;*
    er berührt die Berge, und sie rauchen.

33. Ich will dem Herrn singen mein Leben lang;*
meinen Gott will ich preisen, solange ich atme.

    34. Ich möchte ihn erfreuen mit meinem Lied,*
    denn ich selber freue mich über ihn.

35. Wer sich gegen den Herrn empört, / soll von der Erde
verschwinden,*
es soll keine Unheilstifter mehr geben!

    36. Ich will dem Herrn danken! / Preist den Herrn!*
    Amen.

Kehrvers

Deine Macht hat keine Grenzen
(Psalm 150)

V/A: *Halleluja – Preist den Herrn!*
1. Preist Gott in seinem Heiligtum!*
Lobt ihn, den Mächtigen im Himmel!
   2. Lobt ihn, denn er tut Wunder,*
   seine Macht hat keine Grenzen!
3. Lobt ihn mit Trompetenschall,*
mit dem Klang von Harfe und Laute!
   4. Lobt ihn mit Trommeln und Freudentanz,*
   mit Flöten und mit Saitenspiel!
5. Lobt ihn mit klingenden Zimbeln,*
lobt ihn mit schallenden Becken!
   6. Alles, was atmet, soll den Herrn rühmen!*
   Preist den Herrn – Halleluja!
Kehrvers

Alles ist dein Eigentum
(Aus Davids Dankgebet – 1 Chronik 29,10-13)

A/V: *Dir gehört alle Herrschaft und Macht!*
1. Gepriesen seist du, Herr,*
vom Anfang der Zeiten bis in alle Zukunft!
   2. Dir, Herr, gehören Größe und Kraft,*
   Ehre und Hoheit und Pracht!
3. Alles im Himmel und auf der Erde ist dein Eigentum;*
dir gehört alle Herrschaft und Macht!
   4. Du teilst Reichtum und Ansehen aus *
   und gibst Kraft und Stärke dem, / den du groß und mächtig machen willst.
5. Du bist der Herr über alles!*
Darum wollen wir dir, unserem Gott, danken / und deinen
herrlichen Namen rühmen.
Kehrvers

Groß und wunderbar sind deine Taten
(Offenbarung des Johannes 15, 3-5)

V/A: *Groß und wunderbar sind deine Taten!*
1. Herr, unser Gott, / du Herr der ganzen Welt,*
wie groß und wunderbar sind deine Taten!
    2. In allem, was du planst und ausführst, / bist du wahr-
    haftig und gerecht,*
    du König über alle Völker!
3. Wer wagt es, / dir, Herr, nicht zu gehorchen *
und deinen Namen nicht zu ehren?
    4. Alle Völker werden kommen und sich vor dir nieder-
    werfen;*
    denn deine gerechten Taten sind nun für alle sichtbar.
Kehrvers

Groß ist dein Ruhm auf der ganzen Erde
(Psalm 8)

V/A: *Der Glanz deiner Hoheit überstrahlt den Himmel.*
1. Herr, unser Herrscher! Groß ist dein Ruhm auf der ganzen Erde!*
Der Glanz deiner Hoheit überstrahlt den Himmel.
    2. Deine Macht ist unermeßlich: / aus dem Lob deines
    geschlagenen Volkes baust du eine Mauer,*
    an der deine Widersacher und Feinde zu Fall kommen.
3. Ich bestaune den Himmel, den du gemacht hast,*
Mond und Sterne auf ihren Bahnen:
    4. Wie klein ist da der Mensch!*
    Und doch gibst du dich mit ihm ab.
5. Ja, du hast ihm Macht und Würde verliehen;*
es fehlt nicht viel, und er wäre wie du.
    6. Du hast ihn zum Herrscher gemacht über deine
    Geschöpfe,*
    alles hast du ihm unterstellt:
7. die Schafe, Ziegen und Rinder, / das Wild und die
Vögel,*
die Fische und Ungeheuer im Meer.
    8. Herr, unser Herrscher,*
    groß ist dein Ruhm auf der ganzen Erde!
Kehrvers

Er ist der Herr über Himmel und Erde
(Psalm 24)

V/A: *Der Herr ist der Starke und der Gewaltige.*
1. Dem Herrn gehört die ganze Erde *
mit allem, was darauf lebt.
   2. Er hat sie über dem Wasser gebaut *
   und ihre Fundamente auf den Grund des Meeres gelegt.
3. »Wer hat Zutritt zum Berg des Herrn?*
Wer darf den heiligen Boden betreten?«
   4. »An seinen Händen darf kein Unrecht kleben,*
   und sein Gewissen muß frei sein von Schuld.
5. In seinem Herzen darf keine Falschheit sein *
und über seine Lippen nie ein Meineid kommen.
   6. Einen solchen wird der Herr aufnehmen;*
   er wird ihm seine Bitten erfüllen und ihn segnen.
7. So sind die Menschen, die nach Gott fragen / und in
seine Nähe kommen dürfen.*
So sind die wahren Nachkommen Jakobs. «
   8. »Öffnet euch weit, ihr ehrwürdigen Tore!*
   Der mächtigste König will einziehen!«
9. »Wer ist dieser mächtige König?« / »Es ist der Herr, der
Starke und Gewaltige!*
Der Herr, der Sieger in jeder Schlacht!
   10. Öffnet euch weit, ihr ehrwürdigen Tore!*
   Der mächtigste König will einziehen!«
11. »Wer ist dieser mächtige König?« / »Es ist der Herr über
Himmel und Erde!*
Er ist der mächtigste König. «
Kehrvers

Der Herr ist mächtiger als alle Götter
(Psalm 135)

V/A: *Halleluja – Preist den Herrn!*
1. Rühmt ihn, der euch so nahe ist!*
Preist ihn, ihr seine Diener alle,
   2. die ihr in seinem Tempel steht,*
   in den Vorhöfen am Haus unseres Gottes!
3. Preist den Herrn, denn er ist gut zu uns!*
Singt und spielt zu seiner Ehre, / denn er ist freundlich zu
uns!
   4. Der Herr hat die Nachkommen Jakobs erwählt,*
   er hat Israel zu seinem Eigentum gemacht.
5. Ich weiß es: der Herr ist groß,*
unser Herr ist mächtiger als alle Götter.
   6. Denn alles, was er will, das tut er auch, / im Himmel
   und auf der Erde,*
   auf den Meeren und in allen Tiefen.
7. Er führt Wolken heran vom Ende der Erde, / läßt es blitzen und den Regen fallen,*
er holt den Wind aus seinen Vorratskammern.
   8. Er war es, der damals bei den Ägyptern alle erstgebo-
   renen Söhne sterben ließ *
   und alle Erstgeburt beim Vieh.
9. Erschreckende Wunder ließ er geschehen *
am Pharao und allen seinen Dienern.
   10. Herr, dein Ruhm wird niemals enden,*
   alle Generationen werden von dir sprechen!
11. Ihr Israeliten: / dankt dem Herrn!*
Ihr seine Priester: / dankt dem Herrn!
   12. Auch ihr Leviten: / dankt dem Herrn!*
   Ihr alle, die ihr ihn verehrt: / dankt dem Herrn!
13. Er, der in Jerusalem wohnt,*
soll auf dem Zionsberg gepriesen werden!
   14. Preist den Herrn.*
   Halleluja!
Kehrvers

Seine Herrlichkeit überstrahlt den Himmel
(Psalm 113)

V/A: *Halleluja – Preist den Herrn!*
1. Ihr seine Diener, preist ihn!*
Rühmt seinen großen Namen!
   2. Dankt eurem mächtigen Herrn,*
   jetzt und in aller Zukunft!
3. Von dort, wo die Sonne aufgeht / bis dorthin, wo sie versinkt – *
überall werde der Herr gepriesen!
   4. Herrscher über alle Völker ist der Herr,*
   und seine Herrlichkeit überstrahlt den Himmel.
5. Wer im Himmel oder auf der Erde gleicht dem Herrn, unserem Gott,*
ihm, der im höchsten Himmel thront / und hinabschaut in die tiefste Tiefe?
   6. Den Armen holt er aus der Not, / den Hilflosen heraus aus seinem Elend,*
   und gibt ihm einen Ehrenplatz bei den Angesehenen seines Volkes.
7. Der Frau, die keine Kinder haben konnte, verschafft er ein sicheres Zuhause*
und macht sie zu einer glücklichen Mutter.
   8. Preist den Herrn.* Halleluja!
Kehrvers

Du bist der Herr aller Zeiten
(Daniel 2,20-23)

V/A: *Du bist der Herr aller Zeiten!*
1. Gepriesen seist du in alle Ewigkeit!*
Du, Gott, besitzt Macht und Weisheit.
   2. Du bist der Herr der Zeiten;*
   du setzt Könige ein und setzt sie ab.
3. Du gibst den Weisen ihre Weisheit *
und den Klugen ihren Verstand.
   4. Du enthüllst, was tief verborgen ist,*
   du siehst, was im Dunkeln ist.
5. Doch dich selbst umstrahlt reinstes Licht.*
Gott meiner Väter, dich rühme und preise ich!
Kehrvers

Anbetung des heiligen Gottes

Werft euch nieder vor seinem Thron
(Psalm 99)

V/A: *Der Herr, unser Gott, ist heilig!*
1. Der Herr ist König! / Über den Kerub ist sein Thron;*
die Völker zittern, und die Erde bebt.
    2. Der Herr ist mächtig in der Zionsstadt,*
    ein gewaltiger Herrscher über alle Völker.
3. Sie alle sollen dich preisen, / dich, den großen, ehrfurcht-
gebietenden Gott!*
Heilig bist du!
    4. Dir, dem König, gehört die Macht,*
    und du kümmerst dich um das Recht.
5. Du hast die Regeln für unser Leben aufgestellt,*
du hast Recht und Ordnung festgelegt.
    6. Rühmt den Herrn, unseren Gott! / Werft euch nieder
    vor seinem Thron!*
    Heilig ist er!
7. Mose und Aaron waren seine Priester, / auch Samuel
konnte sich immer an ihn wenden;*
sie beteten zu ihm, / und er gab ihnen Antwort.
    8. Er sprach zu ihnen aus der Wolkensäule,*
    und sie hüteten die Mahnungen und Gebote, / die er
    ihnen anvertraute.
9. Herr, unser Gott, du hast ihre Bitten erhört: / Du hast deinem Volk die Schuld vergeben,*
und doch mußtest du seine Verfehlungen strafen.
    10. Rühmt den Herrn, unseren Gott!*
    Werft euch nieder vor seinem heiligen Berg!
Kehrvers

Geht auf die Knie
(Psalm 95,1-7)

V/A: *Kommt, betet ihn an!*
1. Kommt, wir singen für den Herrn, / wir begrüßen ihn mit Freudengeschrei;*
denn er ist unser starker Helfer!
   2. Wir treten vor ihn mit unserem Dank,*
   wir ehren ihn mit unseren Liedern!
3. Denn der Herr ist der höchste Gott,*
der große König über alle Götter:
   4. In seiner Gewalt sind die Tiefen der Erde,*
   und ihm gehören die Gipfel der Berge.
5. Das Meer gehört ihm – er hat es gemacht,*
und auch das Land – er hat es geformt.
   6. Kommt, verneigt euch, werft euch nieder, / geht auf die Knie und betet ihn an,*
   ihn, den Herrn, unseren Schöpfer!
7. Denn er ist unser Gott, / und wir sind sein Volk, für das er sorgt wie ein Hirt,*
das er leitet wie eine Herde.
Kehrvers

Heilig ist der Herr
(Offenbarung des Johannes 4,8.11)

V/A: *Heilig bist du, o Herr!*
1. Heilig, heilig, heilig ist der Herr, / der Gott, der die ganze Erde regiert,*
der war und der ist und der kommt!
   2. Du bist unser Herr und Gott! / Du hast die ganze Welt geschaffen;*
   weil du es gewollt hast, ist sie entstanden.
3. Darum bist du allein würdig, daß alle dich preisen und ehren *
und deine Macht anerkennen!
Kehrvers

Lobpreis der Liebe Gottes

Voll grenzenloser Liebe ist der Herr
(Psalm 145)

V/A: *Deine reiche Güte soll man rühmen!*
1. Du mein Gott und König, / dich will ich rühmen;*
immer, / ohne Ende, will ich dir danken!
   2. Jeden Tag will ich dir danken;*
   immer, / ohne Ende, will ich dich preisen!
3. Ich will bekennen: / »Der Herr ist mächtig, man muß ihn rühmen;*
seine Macht ist unermeßlich groß!«
   4. Von einer Generation zur anderen / soll man rühmen,
   was du vollbracht hast,*
   und deine machtvollen Taten weitererzählen!
5. Deine Pracht und Hoheit sollen alle rühmen,*
und ich will stets an deine Wunder denken!
   6. Deine ehrfurchtgebietende Macht soll man verkünden,*
   und ich will von deinen großen Taten erzählen!
7. Deine reiche Güte soll man rühmen *
und deine Freundlichkeit laut besingen:
   8. »Voll Güte und Erbarmen ist der Herr,*
   voll grenzenloser Liebe und Geduld.
9. Der Herr ist gut zu einem jeden,*
er hat Erbarmen mit allen Geschöpfen.«
   10. Alle Geschöpfe sollen dich preisen, Herr,*
   alle, die zu dir gehören, sollen dir danken!
11. Vom Glanz deines Königtums sollen sie reden *
und von deiner gewaltigen Macht,
   12. um allen Menschen deine Taten zu verkünden,*
   die Herrlichkeit und Pracht deines Königtums!
13. Du bist König für alle Zeiten,*
und deine Herrschaft hört niemals auf!
   14. Der Herr ist verläßlich / in allem, was er sagt,*
   und gütig in allem, was er tut.
15. Er hält alle, die sich nicht halten können,*
und richtet die Niedergebeugten auf.
   16. Alle blicken voll Hoffnung auf dich,*
   und jedem gibst du Nahrung zur rechten Zeit.
17. Du öffnest deine Hand,*
und alles, was lebt, wird satt.
   18. Der Herr ist gerecht in seinem Handeln *
   und gütig in allen seinen Taten.
19. Er ist denen nahe, die zu ihm beten – *
allen, die aufrichtig zu ihm beten.

20. Er erfüllt die Bitten derer, die ihm gehorchen;*
er hört ihr Schreien und rettet sie.
21. Der Herr beschützt alle, die ihn lieben;*
doch die, die ihn mißachten, macht er zunichte.
22. Ich will den Ruhm des Herrn verkünden, / und alles,
was lebt, soll ihm danken,*
ihm, dem heiligen Gott, / immer und ohne Ende!
Kehrvers

Er liebte uns schon, bevor er die Welt schuf
(Epheser 1,3-8.11.12)

V/A: *Durch ihn hat er uns reich beschenkt.*
1. Preis und Dank sei Gott,*
dem Vater unseres Herrn Jesus Christus!
2. Denn durch Christus hat er uns Anteil gegeben an der
himmlischen Welt,*
durch ihn hat er uns mit der ganzen Fülle seiner Gaben
beschenkt.
3. Er liebte uns schon, bevor er die Welt schuf.*
Für ihn gehörten wir mit Christus zusammen vor aller Zeit.
4. So hat er uns dazu erwählt, sein Volk zu sein *
und heilig und fehlerlos vor ihm zu stehen.
5. Aus freiem Willen entschloß er sich, uns als seine Kinder
anzunehmen – *
durch Jesus Christus und im Blick auf ihn.
6. Damit wir seine große Güte preisen, / seine Gnade,
die er uns erwiesen hat *
durch Christus, seinen geliebten Sohn.
7. Ihn ließ er sterben zu unserer Rettung. / Unsere ganze
Schuld hat er uns vergeben,*
weil Christus sein Blut vergossen hat.
8. So zeigte uns Gott den ganzen Reichtum seiner Gnade; / in seiner Güte schenkte er uns Weisheit und Einsicht,*
um sein Handeln zu erkennen.
9. Durch Christus haben wir Anteil erhalten *
an dem, was Gott seinem Volk versprochen hat.
10. Dazu hat Gott, / der alles nach seinem Plan und
Willen ausführt, / uns von Anfang an bestimmt.*
Wir sollten ein lebendiger Lobpreis seiner Herrlichkeit
werden.
Kehrvers

Seine Liebe hört niemals auf

(Psalm 136,1-17.21-26)

V/A: *Dankt ihm, dem Gott des Himmels!*
1. Dankt dem Herrn, / denn er ist gut zu uns *
Seine Liebe hört niemals auf!
    2. Dankt ihm, dem allerhöchsten Gott!*
    Seine Liebe hört niemals auf!
3. Dankt ihm, dem mächtigsten aller Herren!*
Seine Liebe hört niemals auf!
    4. Er allein tut große Wunder.*
    Seine Liebe hört niemals auf!
5. Mit Geschick hat er den Himmel gewölbt.*
Seine Liebe hört niemals auf!
    6. Über den Meeren hat er die Erde ausgebreitet.*
    Seine Liebe hört niemals auf!
7. Er hat die großen Lichter gemacht:*
Seine Liebe hört niemals auf!
    8. Die Sonne, um den Tag zu regieren – *
    Seine Liebe hört niemals auf!
9. Mond und Sterne für die Nacht.*
Seine Liebe hört niemals auf!
    10. Er tötete die Erstgeborenen der Ägypter.*
    Seine Liebe hört niemals auf!
11. Er führte Israel von dort heraus.*
Seine Liebe hört niemals auf!
    12. Er tat es mit seiner gewaltigen Macht.*
    Seine Liebe hört niemals auf!
13. Er schnitt das Schilfmeer in zwei Teile.*
Seine Liebe hört niemals auf!
    14. Er führte Israel mitten hindurch.*
    Seine Liebe hört niemals auf!
15. Er stürzte den Pharao und sein Heer in die Fluten.*
Seine Liebe hört niemals auf!
    16. Er leitete sein Volk durch die Wüste.*
    Seine Liebe hört niemals auf!
17. Er besiegte große Könige.*
Seine Liebe hört niemals auf!
    18. Ihre Länder teilte er Israel zu.*
    Seine Liebe hört niemals auf!
19. Er gab sie seinen Dienern als Erbbesitz.*
Seine Liebe hört niemals auf!
    20. Er dachte an uns, so oft man uns unterdrückte.*
    Seine Liebe hört niemals auf!

21. Er befreite uns von unseren Feinden.*
Seine Liebe hört niemals auf!
   22. Allen Geschöpfen gibt er zu essen.*
   Seine Liebe hört niemals auf!
23. Dankt ihm, dem Gott des Himmels!*
Seine Liebe hört niemals auf!
Kehrvers

Güte und Liebe macht dir Freude
(Micha 7,18-20)

V/A: *Herr, wo sonst gibt es einen Gott wie dich?*
1. Denen, die von deinem Volk übriggeblieben sind, /
vergibst du ihre Schuld *
und gehst über ihre Verfehlungen hinweg.
   2. Du hältst nicht für immer an deinem Zorn fest;*
   denn Güte und Liebe zu erweisen, macht dir Freude.
3. Du wirst mit uns Erbarmen haben / und alle unsere
Schuld wegschaffen,*
du wirst sie in das Meer werfen, / dort, wo es am tiefsten ist.
   4. Den Nachkommen Abrahams und Jakobs / wirst du
   mit Liebe und Treue begegnen,*
   wie du es einst unseren Vorfahren mit einem Eid zugesagt hast.
Kehrvers

Er antwortete mir und machte mich frei
(Psalm 118)

V/A: *Dankt dem Herrn, denn er ist gut zu uns!*
1. Die Israeliten sollen rufen:*
»Seine Liebe hört niemals auf!«
   2. Die Priester sollen rufen:*
   »Seine Liebe hört niemals auf!«
3. Alle, die den Herrn verehren, sollen rufen:*
»Seine Liebe hört niemals auf!«
   4. Als ich von allen Seiten eingeschlossen war, / schrie
   ich zum Herrn um Hilfe.*
   Er antwortete mir und machte mich frei.
5. Der Herr steht mir bei; nun fürchte ich nichts mehr.*
Was könnte ein Mensch mir schon tun?
   6. Der Herr steht mir bei, / er selber greift ein;*
   darum werde ich mit eigenen Augen sehen, / wie meine
   Feinde unterliegen.
7. Mit dem Herrn rechnen ist besser als sich auf Menschen
verlassen.*
Mit dem Herrn rechnen ist besser als auf die Hilfe der Mächtigen warten.
   8. Feindliche Völker umringten mich – *
   ich trieb sie zurück mit der Hilfe des Herrn!
9. Sie bedrängten mich von allen Seiten – *
ich trieb sie zurück mit der Hilfe des Herrn!
   10. Sie überfielen mich wie Bienenschwärme,*
   doch ich trieb sie zurück mit der Hilfe des Herrn!
11. Einem Strohfeuer glich ihr Angriff,*
so schnell war er vorüber.
   12. Sie setzten mir hart zu, um mich zu Fall zu bringen;*
   doch der Herr hat mir geholfen.
13. Ich will den Herrn rühmen mit meinem Lied,*
denn er hat mich gerettet.
   14. Das Volk Gottes stimmt das Siegeslied an; / aus allen
   Zelten schallt es laut:*
   »Der Herr hat seine Macht gezeigt.
15. Seine Hand ist siegreich erhoben.*
Er hat die Feinde geschlagen!«
   16. Ich muß nicht sterben; ich darf weiterleben *
   und erzählen, was der Herr getan hat.
17. Der Herr hat mich hart angefaßt,*
doch vor dem Tode hat er mich bewahrt.

18. Öffnet mir das Tor zum Tempel, / durch das die Treuen einziehen dürfen!*
Ich will eintreten, um dem Herrn zu danken.
19. »Hier ist der Zugang zum Herrn.*
Wenn du seine Weisungen treu befolgt hast, / dann komm, tritt ein!«
20. Ich danke dir, Herr, / du hast mich erhört!*
Du hast mir die Rettung gebracht!
21. Der Stein, den die Bauleute weggeworfen haben,*
krönt nun den ganzen Bau.
22. Der Herr hat dieses Wunder vollbracht,*
und wir haben es gesehen.
23. Dieser Festtag ist ein Geschenk des Herrn.*
Heute wollen wir uns freuen und jubeln!
24. Hilf uns doch, Herr!*
Gib uns Glück und Gelingen!
25. »Heil dem, der im Auftrag des Herrn kommt! / Den Segen des Herrn sprechen wir euch zu,*
hier, von seinem Tempel aus.«
26. Der Herr allein ist Gott,*
er blickt uns freundlich an.
27. »Nehmt Zweige! Schließt euch zum festlichen Reigen zusammen,*
bis dicht an die Spitzen des Altars!«
28. Du bist mein Gott, und ich danke dir;*
mein Gott, ich will dich preisen!
Kehrvers

Du bist ein Gott voller Liebe und Erbarmen
(Nehemia 9,6-13.15-17.19-21.31-33)

V/A: *Du bist ein Gott voller Liebe und Erbarmen!*
1. »Du bist der Herr,*
du und kein anderer!
  2. Du hast den Himmel geschaffen *
  in seiner ganzen Weite und mit allen Gestirnen.
3. Du hast die Erde und das Meer geschaffen *
und alle Geschöpfe, die dort leben.
  4. Ihnen allen hast du das Leben geschenkt,*
  und die Mächtigen im Himmel beten dich an!
5. Du, Herr, unser Gott, erwähltest Abram / und holtest ihn
heraus aus Ur in Babylonien;*
du gabst ihm den Namen Abraham.
  6. Du sahst, daß er in Treue zu dir hielt,*
  und schlossest einen Bund mit ihm.
7. Und du hast dein Versprechen gehalten,*
auf dich ist in allem Verlaß!
  8. Du sahst unsere Vorfahren in Ägypten *
  und wie hart man sie dort unterdrückte.
9. Am Schilfmeer schrien sie zu dir um Hilfe,*
du hörtest sie und gabst ihnen Antwort.
  10. Der Pharao, seine Minister und sein Volk *
  behandelten unsere Väter mit Hochmut.
11. Da zeigtest du ihnen deine Macht *
und griffst mit gewaltigen Taten ein.
  12. So erwarbst du dir unvergänglichen Ruhm,*
  und heute ist dein Name überall bekannt.
13. Vor ihren Augen zerteiltest du das Meer,*
trockenen Fußes zogen sie mitten hindurch.
  14. Doch ihre Verfolger stürztest du in die Fluten,*
  wie Steine sanken sie in die Tiefe.
15. Tagsüber leitetest du sie durch eine Wolkensäule,*
und nachts erhelltest du ihren Weg / mit dem leuchtenden
Schein der Feuersäule.
  16. Du kamst hernieder auf den Sinai *
  und sprachst zu ihnen vom Himmel her.
17. Eindeutige Regeln gabst du ihnen, / Gesetze, auf die
man sich verlassen kann,*
mit guten Vorschriften und Geboten.
  18. Als sie Hunger hatten, gabst du ihnen Brot vom Himmel;*
aus dem Felsen ließest du Wasser strömen, / um ihren
Durst damit zu löschen.

19. Doch unsere Vorfahren wurden übermütig,*
trotzig schlugen sie deine Weisung in den Wind.
   20. Sie weigerten sich, auf dich zu hören;*
   nur allzu schnell vergaßen sie die Wunder, / mit denen
   du ihnen geholfen hattest.
21. Sie setzten es sich in den Kopf, zurückzukehren *
nach Ägypten, in die Sklaverei.
   22. Du aber bist ein Gott, der vergibt,*
   voll Liebe und Erbarmen bist du.
23. Du bist voll Geduld und beständiger Treue,*
du hast sie nicht im Stich gelassen.
   24. In deinem großen Erbarmen / hast du sie nicht ihrem
   Schicksal überlassen,*
   als sie herumirrten in der Wüste.
25. Du nahmst die Wolkensäule nicht weg,*
sie blieb ihr Begleiter an jedem Tag.
   26. Die Feuersäule leuchtete ihnen,*
   damit sie auch nachts ihren Weg erkannten.
27. Du gabst ihnen deinen guten Geist,*
um sie zur rechten Einsicht zu führen.
   28. Mit Manna stilltest du ihren Hunger *
   und gabst ihnen Wasser für ihren Durst.
29. Vierzig Jahre, bei ihrem Zug durch die Wüste,*
versorgtest du sie mit allem, was sie brauchten.
   30. Ihre Kleider zerfielen nicht zu Lumpen,*
   ihre Füße schwollen vom Gehen nicht an.
31. Du hast sie nicht im Stich gelassen,*
du bist ein Gott voller Liebe und Erbarmen!
   32. Gott, unser Gott, du bist so groß,*
   so mächtig und ehrfurchtgebietend!
33. Du hast mit uns einen Bund geschlossen *
und stehst dazu mit unerschütterlicher Treue.
   34. Du bist uns treu geblieben,*
   auch als wir ungehorsam waren. «
Kehrvers

Deine Liebe ist unvergleichlich
(Psalm 36,6-10)

V/A: *Deine Liebe ist unvergleichlich, o Herr!*
1. Herr, deine Güte reicht bis an den Himmel *
und deine Treue, so weit die Wolken ziehen!
   2. Deine Gerechtigkeit ragt hoch wie die ewigen Berge, *
   deine Urteile gründen tief wie das Meer.
3. Du, Herr, hilfst Menschen und Tieren. *
Deine Liebe ist unvergleichlich.
   4. Du bist unser Gott, *
   bei dir finden wir Schutz.
5. Du sättigst uns aus dem Reichtum deines Hauses, *
deine Güte erquickt uns wie frisches Wasser.
   6. Du selbst bist die Quelle, die uns Leben schenkt. *
   Deine Liebe ist die Sonne, von der wir leben.
Kehrvers

Der Herr ist gut zu uns
(Psalm 100)

V/A: *Jubelt dem Herrn zu, ihr Bewohner der Erde!*
1. Stellt euch freudig in seinen Dienst! *
Kommt zu ihm mit lautem Jauchzen!
   2. Denkt daran: Der Herr allein ist Gott! *
   Er hat uns geschaffen, und ihm gehören wir.
3. Sein Volk sind wir, für das er sorgt *
wie ein Hirt für seine Herde.
   4. Geht durch die Tempeltore mit einem Danklied, *
   betretet den Festplatz mit Lobgesang!
5. Preist ihn, dankt ihm für seine Taten! *
Denn der Herr ist gut zu uns.
   6. Seine Liebe hört niemals auf, *
   für alle Zeiten bleibt er treu.
Kehrvers

Lobpreis der Treue Gottes

Der Herr löst ein, was er versprochen hat
(Psalm 103)

V/A: *Voll Güte und Erbarmen ist der Herr.*
1. Ich will dem Herrn von ganzem Herzen danken,*
den heiligen Gott mit meinem Lied besingen!
    2. Ich will den Herrn mit allen Kräften preisen *
    und niemals seine Freundlichkeit vergessen!
3. Er hat mir meine ganze Schuld vergeben,*
von aller Krankheit hat er mich geheilt.
    4. Dem Grabe hat er mich entrissen *
    und mich mit Güte und Erbarmen überschüttet.
5. Durch seine Gaben sorgt er für mein Leben / und schenkt
mir neue, jugendliche Kraft,*
gleich einem Adler schwinge ich mich auf.
    6. Der Herr löst ein, was er versprochen hat,*
    dem unterdrückten Volk verschafft er Recht.
7. So hat er Mose eingeweiht in seine Pläne *
und Israel sein Tun erkennen lassen.
    8. Voll Güte und Erbarmen ist der Herr,*
    voll grenzenloser Liebe und Geduld.
9. Er klagt nicht ständig an *
und trägt nicht ewig nach.
    10. Er straft uns nicht, obwohl wir es verdienten,*
    er läßt uns nicht für unser Unrecht büßen.
11. So unermeßlich groß der Himmel ist,*
so groß ist Gottes Güte zu den Seinen.
    12. So fern der Osten von dem Westen liegt,*
    so weit entfernt er unsere Schuld von uns.
13. Der Herr liebt alle, die ihn ehren,*
so wie ein Vater seine Kinder liebt.
    14. Er weiß, woraus er uns gemacht hat;*
    er denkt daran: Wir sind nur Staub!
15. Des Menschen Leben gleicht dem Gras,*
er blüht wie eine Blume auf der Wiese:
    16. Ein heißer Wind kommt — schon ist sie verschwun-
    den,*
und wo sie stand, bleibt keine Spur zurück.
17. Doch unvergänglich ist die Güte Gottes:*
Er hält zu denen, die ihn ehren.
    18. Er sorgt noch für die Kinder und die Enkel,*
    wenn sie ihm nur die Treue halten / und nach den Regeln
seines Bundes leben.
19. Der Herr hat seinen Thron im Himmel aufgerichtet,*
als König herrscht er über alle Welt.

20. Ihr starken Engel, preist den Herrn,*
ihr, die ihr ihm aufs Wort gehorcht / und tut, was er befiehlt.
21. Ihr Mächtigen im Himmel, preist den Herrn,*
ihr seine Diener, ihr Vollstrecker seines Willens!
22. Auch ihr Geschöpfe alle, preist den Herrn,*
wo immer ihr in seinem Reiche lebt!
23. Ich selber sage:*
Herr, ich danke dir!
Kehrvers

Auf die Worte des Herrn ist Verlaß
(Psalm 12,7-9)

V/A: *Auf die Worte des Herrn ist Verlaß!*
1. Auf die Worte des Herrn kann man sich verlassen,*
sie sind rein und echt wie Silber, / das im Schmelzofen siebenmal gereinigt wurde.
2. Herr, du hältst dein Versprechen, / jetzt und immer:*
Du wirst uns vor diesen Lügnern bewahren, / auch wenn sie überall frei herumlaufen.
Kehrvers

Seine Treue hört niemals auf
(Psalm 117)

V/A: *Seine Treue hört niemals auf!*
1. Preist den Herrn, alle Völker!*
Rühmt ihn, ihr Nationen alle!
2. Denn seine Güte zu uns ist riesengroß,*
und seine Treue hört niemals auf.
3. Preist den Herrn – *
Halleluja!
Kehrvers

Deine Güte und Treue werden mich stets bewahren

(Psalm 40,2-12)

V/A: *Herr, mein Gott! Du hast so viel für uns getan.*
1. Unbeirrt habe ich auf den Herrn gehofft, / auf seine Hilfe habe ich gewartet.*
Er hat mein Schreien gehört und mir geholfen.
   2. Ich sah mich schon im Grabe liegen,*
   ich fühlte mich wie einer, der im Sumpf versinkt.
3. Doch er hat mich herausgezogen und mich auf Felsengrund gestellt.*
Jetzt kann ich ungefährdet weitergehen.
   4. Ein neues Lied hat er mir in den Mund gelegt,*
   mit dem ich ihn preisen kann, / ihn, unseren Gott.
5. Viele sollen es hören und sehen;*
dann nehmen sie den Herrn wieder ernst und schenken ihm ihr Vertrauen.
   6. Wie glücklich ist, wer ganz auf den Herrn vertraut *
   und sich an keine anderen Mächte bindet, die nur in die Irre führen.
7. Herr, mein Gott! Du hast so viel für uns getan;*
niemand ist wie du!
   8. Deine Pläne, deine wunderbaren Taten — *
   wenn ich sie alle aufzählen wollte, / ich käme nie an ein Ende!
9. Aus Opfern und Gaben machst du dir nichts,*
Brandopfer und Sühneopfer verlangst du nicht von mir.
   10. Aber du hast mir Ohren gegeben,*
   um auf dich zu hören!
11. Darum sage ich: / Mein Gott, ich bin bereit, / zu tun, was du erwartest,*
so wie es aufgeschrieben ist im Buche des Gesetzes.
   12. Ich freue mich über dein Gesetz *
   und trage es in meinem Herzen.
13. Vor der ganzen Gemeinde will ich erzählen, / wie du deine Zusagen einlöst.*
Ich höre niemals auf, davon zu reden; / du weißt es, Herr!
   14. Was du getan hast, behalte ich nicht für mich,*
   ich bezeuge es allen, daß du treu bist und hilfst.
15. Ich will der Gemeinde nicht verschweigen,*
wie gütig und zuverlässig du bist.
   16. Herr, du wirst mir dein Erbarmen nicht entziehen.*
   Deine Güte und Treue werden mich stets bewahren.
Kehrvers

Du hältst uns die Treue
(Psalm 65,2.3.6-14)

V/A: *Deine Taten wecken Freude und Jubel!*
1. Gott, der du auf dem Zionsberg wohnst, / dir steht es zu,
daß wir dich preisen,*
daß jeder dir seine Gelübde einlöst.
    2. Du erhörst Gebete,*
    darum kommen alle Menschen zu dir.
3. Gott, unser Retter, / du hältst uns die Treue,*
du antwortest uns durch ehrfurchtgebietende Taten.
    4. Du bist die Hoffnung der ganzen Erde *
    bis hin zu den fernsten Meeren.
5. Du hast mit deiner Kraft die Berge hingestellt *
und trittst an mit gewaltiger Macht.
    6. Du stillst den Aufruhr des Meeres, das Brüllen seiner
    Wellen;*
    du stillst auch den Aufruhr der Völker.
7. Sie erschrecken vor deinen Wundern / selbst an den äußersten Enden der Erde.*
Deine Taten wecken Freude und Jubel / überall, wo Menschen wohnen.
    8. Du sorgst für das Land, / du machst es reich und
    fruchtbar:*
    so läßt du das Korn für die Menschen wachsen.
9. Gott, deine Bäche sind immer voll Wasser;*
du feuchtest die Furchen und ebnest die Schollen.
    10. Du tränkst die Felder mit Regengüssen *
    und segnest, was auf ihnen sprießt.
11. Mit guten Gaben krönst du das Jahr,*
in deinen Spuren läßt du Überfluß zurück.
    12. Die Wiesen in der Steppe sind saftig und grün,*
    die Hügel hallen wider von Freudenrufen.
13. Die Weiden schmücken sich mit Herden, / die Täler hül-
len sich in wogendes Korn – *
alles ist voll Jubel und Gesang.
Kehrvers

Der Himmel verkündet, wie er Wort hält
(Psalm 97)

V/A: *Alle Völker sehen seine Macht.*
1. Der Herr ist König! / Jubeln soll die ganze Erde,*
freuen sollen sich alle Inseln!
    2. Dichtes Wolkendunkel umgibt den Herrn;*
    auf Recht und Gerechtigkeit ist sein Thron gegründet.
3. Feuer läuft vor ihm her *
und verzehrt alle seine Feinde.
    4. Seine Blitze erhellen die ganze Welt,*
    die Erde sieht es und zittert.
5. Die Berge zerfließen vor ihm wie Wachs,*
vor ihm, / dem Herrn der ganzen Erde.
    6. Der Himmel verkündet, wie er Wort hält,*
    und alle Völker sehen seine Macht.
7. Alle, die Götterbilder anbeten und mit ihren toten Götzen prahlen, / sie werden zuschanden und müssen sich schämen;*
denn alle Götter huldigen dem Herrn.
    8. Auf dem Zionsberg hört man es und freut sich,*
    man jubelt in allen Städten von Juda, / weil du, Herr, den Sieg errungen hast.
9. Herr, du bist der Höchste in der Welt,*
himmelhoch stehst du über allen Göttern!
    10. Ihr, die ihr den Herrn liebt,*
    haßt alles Böse!
11. Weil ihr zu ihm gehört, bewahrt er euer Leben;*
er befreit euch aus der Gewalt seiner Feinde.
    12. Bald geht die Sonne auf / für alle, die ihm die Treue halten / und ihm mit ganzem Herzen gehorchen;*
    dann werden sie voller Freude sein!
13. Freut euch über den Herrn, / ihr, die ihr treu auf seiner Seite steht!*
Dankt ihm / und denkt daran, daß er heilig ist!
Kehrvers

Für immer hält er den Seinen die Treue
(Psalm 111)

V/A: *Halleluja – Preist den Herrn!*
1. Ich will dem Herrn von ganzem Herzen danken / unter
denen, die zu ihm halten,*
inmitten der Gemeinde.
    2. Wie gewaltig sind die Taten des Herrn!*
    Alle, die Freude an ihnen haben, / denken ständig über
    sie nach.
3. Sein Tun ist voller Hoheit und Pracht;*
für immer hält er den Seinen die Treue.
    4. Er selber hat dafür gesorgt, / daß seine Wunder nicht
    vergessen werden.*
    Voll Güte und Erbarmen ist der Herr!
5. Allen, die ihm gehorchten, gab er zu essen;*
niemals vergißt er seinen Bund mit ihnen.
    6. Er zeigte seinem Volk, wie mächtig er ist:*
    er gab ihm die Länder aller Völker.
7. Was er tut, ist zuverlässig und richtig.*
Seine Gebote verdienen Vertrauen.
    8. Für alle Zeiten stehen sie fest *
    und sind genau und treu zu befolgen.
9. Der Herr hat sein Volk befreit / und einen Bund mit ihm
geschlossen, der für immer gilt.*
Heilig und ehrfurchtgebietend ist er!
    10. Den Herrn stets ernst zu nehmen,*
    damit fängt alle Weisheit an.
11. Wer es tut, beweist Verstand.*
Der Ruhm des Herrn hört niemals auf!
Kehrvers

Du hast dein Versprechen erfüllt
(Psalm 138)

V/A: *Gewaltig ist die Macht des Herrn!*
1. Ich danke dir von ganzem Herzen; / mit meinem Lied will ich dich preisen,*
dich – und nicht die anderen Götter!
    2. Ich werfe mich nieder vor deinem Heiligtum,*
    um dir zu danken, Herr, für deine Güte und Treue.
3. Du hast dein Versprechen erfüllt,*
ja, / du hast noch viel mehr getan, / als wir von dir erwartet hatten!
    4. Du hast mich erhört, als ich zu dir schrie;*
    du ermutigst mich zu den kühnsten Wünschen.
5. Herr, / alle Herrscher der Erde sollen dich preisen,*
wenn sie hören, was du gesagt hast.
    6. Sie sollen dein Tun besingen und sagen:*
    »Gewaltig ist die Macht des Herrn!
7. Er thront dort in der höchsten Höhe,*
und trotzdem sieht er die Niedrigen und kümmert sich um sie.«
    8. Wenn ich mitten durch Gefahren gehen muß,*
    du erhältst mich am Leben.
9. Du nimmst mich in Schutz vor der Wut meiner Feinde,*
deine mächtige Hand wird mir helfen.
    10. Herr, du wirst alles für mich tun,*
    deine Liebe hört niemals auf!
11. Vollende, o Herr,*
was du angefangen hast!
Kehrvers

Lobpreis der Zuflucht Gottes

Du mein Fels, meine Burg, mein Retter
(Psalm 18,2-7.17-37.47)

V/A: *Du bist mein Schutz und meine Hilfe!*
1. Ich liebe dich, Herr,*
denn durch dich bin ich stark!
    2. Du mein Fels, / meine Burg, mein Retter, / du mein Gott, meine sichere Zuflucht,*
mein Beschützer, mein starker Helfer, / meine Festung auf steiler Höhe!
3. Wenn ich zu dir um Hilfe rufe, / dann rettest du mich vor den Feinden.*
Ich preise dich, Herr!
    4. Ich war gefangen in den Fesseln des Todes,*
vernichtende Fluten stürzten auf mich ein.
5. Die Totenwelt hielt mich mit Schlingen fest,*
die Falle des Todes schlug über mir zu.
    6. In meiner Verzweiflung schrie ich zum Herrn,*
zu ihm, meinem Gott, rief ich um Hilfe.
7. Er hörte mich in seinem Tempel,*
mein Hilferuf drang durch bis an sein Ohr.
    8. Vom Himmel her griff seine Hand nach mir,*
er faßte mich und zog mich aus der Flut.
9. Seine Hand entriß mich meinem mächtigen Feind,*
den überstarken Gegnern, die mich haßten.
    10. Sie überfielen mich am Tage meines Unglücks,*
jedoch der Herr beschützte mich vor ihnen.
11. Rings um mich machte er es weit und frei.*
Er liebt mich, darum half er mir.
    12. Der Herr hat meinen Gehorsam belohnt;*
er weiß, meine Hände sind rein.
13. Stets ging ich die Wege, die er mir zeigte;*
nie habe ich mich durch Schuld von ihm entfernt.
    14. Seine Anordnungen standen mir immer vor Augen,*
und seine Befehle wies ich nie zurück.
15. Ich tat genau, was er von mir verlangte,*
und ging dem Unrecht immer aus dem Weg.
    16. Der Herr hat meinen Gehorsam belohnt;*
meine Hände sind rein, er weiß es.
17. Wenn einer dich liebt, Herr, / dann erweist du ihm Liebe;*
für vollen Gehorsam gibst du volle Güte.
    18. Den Reinen zeigst du dich in reiner Klarheit;*
doch den Falschen begegnest du als Gegner.

19. Die Erniedrigten befreist du,*
aber die Hochmütigen holst du vom hohen Roß.
   20. Du läßt mein Lebenslicht strahlen, Herr.*
   Du selbst, mein Gott, machst mir das Dunkel hell.
21. Mit dir schlage ich feindliche Horden zurück,*
mit dir, meinem Gott, überspringe ich Mauern.
   22. Alles, was dieser Gott tut, ist vollkommen,*
   und was der Herr sagt, ist unzweifelhaft wahr.
23. Wer in Gefahr ist und zu ihm flieht,*
findet bei ihm immer sicheren Schutz.
   24. Kein anderer als der Herr ist Gott!
   Nur er, unser Gott, ist ein schützender Fels!
25. Er ist es, der mir Kraft zum Kämpfen gibt *
und einen geraden, gut gebahnten Weg.
   26. Er macht meine Füße gazellenflink *
   und standfest auf allen steilen Gipfeln.
27. Er bringt meinen Händen das Fechten bei *
und lehrt meine Arme, den Bogen zu spannen.
   28. Herr, du bist mein Schutz und meine Hilfe, / du hältst
   mich mit deiner mächtigen Hand,*
   deine Antwort auf mein Gebet macht mich stark.
29. Du hast den Weg vor mir frei gemacht,*
nun kann ich ohne Straucheln vorwärts gehen.
   30. Der Herr lebt! / Ihn will ich preisen, / meinen schüt-
   zenden Fels!*
   Gott, meinen Retter, will ich rühmen!
Kehrvers

Bei Gott finde ich Schutz
(Psalm 7,11.18)

V/A: *Den Herrn will ich preisen!*
1. Bei Gott finde ich Schutz;*
er rettet alle, die ihm gehorchen.
   2. Den Herrn will ich preisen für seine Treue;*
   ihm, dem höchsten Gott, singe ich dankbar mein Lied.
Kehrvers

Du, Herr, bist mein Hirte
(Psalm 23)

V/A: *Du, Herr, bist mein Hirte.*
1. Du, Herr, bist mein Hirt;*
darum kenne ich keine Not.
    2. Du bringst mich auf saftige Weiden, / läßt mich ruhen
    am frischen Wasser *
    und gibst mir neue Kraft.
3. Auf sicheren Wegen leitest du mich,*
dafür bürgst du mit deinem Namen.
    4. Und geht es auch durchs dunkle Tal – *
    ich habe keine Angst!
5. Du, Herr, bist bei mir; / du schützt mich und führst
mich,*
das macht mir Mut.
    6. Vor den Augen meiner Feinde deckst du mir den
    Tisch;*
    als Gast nimmst du mich bei dir auf / und füllst mir den
    Becher randvoll.
7. Deine Güte und Liebe umgeben mich an allen kommenden Tagen;*
in deinem Haus darf ich nun bleiben mein Leben lang.
Kehrvers

Unsere Hilfe kommt vom Herrn
(Psalm 124)

V/A: *Unsere Hilfe kommt vom Herrn!*
1. Der Herr sei gepriesen!*
Er hat uns nicht den Feinden überlassen als Beute für ihre
Zähne.
    2. Wir sind entkommen wie ein Vogel aus dem Netz des
    Fängers;*
    das Netz ist zerrissen, und wir sind frei!
3. Unsere Hilfe kommt vom Herrn, / der Himmel und Erde
geschaffen hat;*
er ist für uns da!
Kehrvers

Du bist meine Zuflucht
(Psalm 91)

V/A: *Du mußt keine Angst mehr haben.*
1. Wer unter dem Schutz des höchsten Gottes lebt *
und bei ihm, der alle Macht hat, bleiben darf,
> 2. der sagt zum Herrn: »Du bist meine Zuflucht, / bei dir
> bin ich sicher wie in einer Burg.*
> Mein Gott, ich vertraue dir!«
3. Du kannst dich darauf verlassen: / Der Herr wird dich retten vor den Fallen, die man dir stellt,*
vor Verrat und Verleumdung.
> 4. Er breitet seine Flügel über dich, / ganz nahe bei ihm
> bist du geborgen.*
> Wie Schild und Schutzwall deckt dich seine Treue.
5. Du mußt keine Angst mehr haben / vor Gefahren und
Schrecken bei Nacht *
oder Überfällen bei Tag,
> 6. vor der Seuche, die im Dunkeln zuschlägt,*
> oder dem Fieber, das am Mittag wütet.
7. Auch wenn tausend neben dir sterben / und zehntausend rings um dich zugrunde gehen – *
dich selber wird es nicht treffen.
> 8. Mit eigenen Augen wirst du sehen,*
> wie Gott alle straft, die ihn mißachten.
9. Du sagst: »Der Herr ist meine Zuflucht.«*
Beim höchsten Gott hast du Schutz gefunden.
> 10. Darum wird dir nichts Böses geschehen,*
> kein Unheil darf dein Haus bedrohen.
11. Gott hat seinen Engeln befohlen,*
dich zu beschützen, wohin du auch gehst.
> 12. Sie werden dich auf Händen tragen,*
> damit du nicht über Steine stolperst.
13. Löwen und Schlangen können dir nicht schaden,*
du wirst sie alle niedertreten.
> 14. Gott selber sagt: »Er hängt an mir mit ganzer Liebe,*
> darum werde ich ihn bewahren.
15. Weil er mich kennt und ehrt,*
werde ich ihn in Sicherheit bringen.
> 16. Wenn er mich ruft, dann antworte ich. / Wenn er in
> Not ist, bin ich bei ihm;*
> ich hole ihn heraus und bringe ihn zu Ehren.
17. Ich gebe ihm ein langes, erfülltes Leben;*
er wird die Hilfe erfahren, auf die er wartet.«
Kehrvers

Der Herr hält die Hand über mich
(Psalm 121)

V/A: *Der Herr hält die Hand über mich.*
1. Ich blicke hinauf zu den Bergen;*
denn von dort erwarte ich Hilfe.
    2. Meine Hilfe kommt vom Herrn,*
    der Himmel und Erde gemacht hat!
3. »Höre: / Der Herr läßt nicht zu, daß du zu Fall kommst.*
Er gibt immer auf dich acht.
    4. Er, der Beschützer Israels, / wird nicht müde und
    schläft nicht ein,*
    er sorgt auch für dich.
5. Der Herr ist bei dir, er hält die Hand über dich,*
damit dich die Hitze der Sonne nicht quält / und der Mond
dich nicht krank macht.
    6. Der Herr wendet Gefahr von dir ab *
    und bewahrt dein Leben.
7. Was immer du tust:*
er wird dich beschützen;
    8. vom Anfang bis zum Ende,*
    jetzt und in aller Zukunft!«
Kehrvers

Der Herr ist mein Ein und Alles
(Klagelieder 3, 22-26)

V/A: *Der Herr ist mein Ein und Alles.*
1. Durch Gottes Güte bin ich noch am Leben,*
denn seine Liebe hört niemals auf;
    2. jeden Morgen ist sie neu wieder da,*
    und seine Treue ist unfaßbar groß.
3. Ich sage: Der Herr ist mein Ein und Alles;*
darum setze ich meine Hoffnung auf ihn.
    4. Der Herr ist gut zu dem, der auf ihn zählt,*
    zu jedem, der seine Nähe sucht.
5. Darum ist es das beste, zu schweigen*
und auf die Hilfe des Herrn zu warten.
Kehrvers

Du bist der sichere Ort
(Psalm 94,12-19.22)

V/A: *Du hast mich mit deiner Güte gestützt.*
1. Freuen darf sich jeder, / den du, Herr, erziehst,*
dem du Wissen gibst durch dein Gesetz!
    2. So bewahrst du ihn davor, ins Unglück zu laufen,*
    während man schon die Grube aushebt / für den, der
    dein Gesetz mißachtet.
3. Du sagst dich von deinem Volk nicht los,*
Herr, du läßt die Deinen nicht im Stich.
    4. Bald richten sich die Richter wieder nach dem Recht,*
    und alle Aufrichtigen werden sich freuen.
5. Wer tritt für mich ein vor den Unheilstiftern?*
Wer verteidigt mich gegen diese Verbrecher?
    6. Herr, wenn du mir nicht geholfen hättest,*
    dann wäre ich längst für immer verstummt.
7. Immer, wenn ich dachte: »Nun stürze ich!«,*
hast du mich mit deiner Güte gestützt.
    8. Wenn mir das Herz von tausend Sorgen schwer war,*
    hast du mich getröstet und wieder froh gemacht.
9. Du, Herr, mein Gott, bist meine Burg,*
der sichere Ort, wo ich mich bergen kann.
Kehrvers

Er ist der Schild, der uns beschützt
(Psalm 84,2.5-9.11-13)

V/A: *Du bist der Schild, der uns beschützt.*
1. Unsere ganze Liebe gehört deinem Haus,*
Herr, du großer und mächtiger Gott!
    2. Wie glücklich ist jeder, der in deinem Haus Wohnrecht hat *
und dich dort immer preisen kann!
3. Wie glücklich sind alle, die bei dir ihre Stärke finden *
und denen nichts so sehr am Herzen liegt, / wie zu deinem Heiligtum zu ziehen!
    4. Wenn sie durchs Wüstental wandern, brechen dort Quellen auf,*
und milder Regen macht alles grün und frisch.
5. Mit jedem Schritt wächst ihre Kraft,*
bis sie auf dem Zionsberg vor dir erscheinen.
    6. Höre mein Gebet, / Gott, du Herr der Welt!*
Achte auf meine Bitte, du Gott Jakobs!
7. Ein Tag im Vorhof deines Tempels *
ist besser als tausend andere.
    8. Ich will lieber an der Türe deines Hauses stehen *
als bei Menschen wohnen, die dich mißachten.
9. Ja, / Gott, der Herr, ist die Sonne,*
die uns Licht und Leben gibt.
    10. Er ist der Schild,*
der uns beschützt.
11. Er schenkt uns seine Liebe *
und nimmt uns in Ehren auf.
    12. Allen, die untadelig leben,*
gewährt er das höchste Glück.
13. Herr, du großer und mächtiger Gott,*
wie gut hat es jeder, der sich auf dich verläßt!
Kehrvers

Bei Gott findest du Ruhe!

(Psalm 62,2.3.6-13)

V/A: *Wende dich Gott zu, dann findest du Ruhe!*
1. Gott wende ich mich zu, / darum bin ich ruhig;*
von ihm allein erwarte ich Hilfe.
    2. Er ist der Fels und die Burg, / wo ich in Sicherheit bin;*
    ich mag wanken, / doch ich werde nicht fallen!
3. Immer wieder muß ich es mir sagen:*
Wende dich Gott zu, / dann findest du Ruhe!
    4. Er allein gibt mir Hoffnung, / er ist der Fels und die
    Burg, wo ich in Sicherheit bin;*
    darum werde ich nicht wanken.
5. Gott ist mein Retter, / er schützt meine Ehre;*
mein starker Fels, / meine Zuflucht ist er!
    6. Ihr, die ihr zu seinem Volk gehört, / setzt euer Ver-
    trauen jederzeit auf ihn,*
    schüttet euer Herz bei ihm aus; / denn Gott ist unsere Zu-
    flucht!
7. Menschen, ob hoch oder niedrig,*
sind ein Hauch, ein täuschendes Nichts.
    8. Auf der Waagschale schnellen sie in die Höhe,*
    sie alle zusammen sind leichter als ein Hauch.
9. Verlaßt euch nicht auf Gewalt, / erwartet keinen Gewinn
von Raub!*
Und wenn euer Wohlstand wächst, / hängt euer Herz nicht
daran!
    10. Gott hat gesprochen, / mehr als einmal habe ich es
    gehört,*
    daß bei ihm die Macht ist –
11. ja, Herr, / und auch die Treue,*
du vergiltst jedem nach seinem Tun.
Kehrvers

Von allen Seiten umgibst du mich
(Psalm 139,1-18.23.24)

V/A: *Von allen Seiten umgibst du mich, o Herr!*
1. Herr, / du durchschaust mich,*
du kennst mich durch und durch.
   2. Ob ich sitze oder stehe, / du weißt es,*
   du kennst meine Pläne von ferne.
3. Ob ich tätig bin oder ausruhe, / du siehst mich;*
jeder Schritt, den ich mache, ist dir bekannt.
   4. Noch ehe ein Wort mir auf die Zunge kommt,*
   hast du, Herr, es schon gehört.
5. Von allen Seiten umgibst du mich,*
ich bin ganz in deiner Hand.
   6. Daß du mich so vollständig kennst, / das übersteigt
   meinen Verstand;*
   es ist mir zu hoch, / ich kann es nicht fassen.
7. Wohin kann ich gehen, um dir zu entrinnen,*
wohin fliehen, damit du mich nicht siehst?
   8. Steige ich hinauf in den Himmel – du bist da.*
   Verstecke ich mich in der Totenwelt – dort bist du auch.
9. Fliege ich dorthin, wo die Sonne aufgeht,*
oder zum Ende des Meeres, wo sie versinkt:
   10. Auch dort wird deine Hand nach mir greifen,*
   auch dort läßt du mich nicht los.
11. Sage ich: »Finsternis soll mich bedecken, / rings um
mich werde es Nacht« – *
für dich ist auch die Finsternis nicht dunkel, / und die Nacht
ist so hell wie der Tag.
   12. Du hast mich geschaffen mit Leib und Geist,*
   mich zusammengefügt im Schoß meiner Mutter.
13. Dafür danke ich dir,*
es erfüllt mich mit Ehrfurcht.
   14. An mir selber erkenne ich:*
   alle deine Taten sind Wunder!
15. Ich war dir nicht verborgen, / als ich im Dunkeln Gestalt
annahm,*
tief unten im Mutterschoß der Erde.
   16. Du sahst mich schon fertig,*
   als ich noch ungeformt war.
17. Im voraus hast du alles aufgeschrieben;*
jeder meiner Tage war schon vorgezeichnet, / noch ehe der
erste begann.
   18. Wie rätselhaft sind mir deine Gedanken, Gott,*
   und wie unermeßlich ist ihre Fülle!

19. Sie sind zahlreicher als der Sand am Meer.*
Nächtelang denke ich über dich nach / und komme an kein
Ende.
    20. Durchforsche mich, Gott, / sieh mir ins Herz,*
    prüfe meine Wünsche und Gedanken!
21. Und wenn ich in Gefahr bin, / mich von dir zu entfernen,*
dann bring mich zurück auf den Weg zu dir!
Kehrvers

Du umgibst mich mit deinem Schutz
(Psalm 3,2-7.9)

V/A: *Du hörst mich in deinem Heiligtum.*
1. Herr, ich kann sie nicht mehr zählen,*
so viele sind's, die sich gegen mich stellen,
    2. so viele, die schadenfroh von mir sagen:*
    »Dem hilft auch Gott nicht mehr!«
3. Doch du, Herr, umgibst mich mit deinem Schutz;
du rettest meine Ehre, du schaffst mir Recht.
    4. Sooft ich auch zu dir um Hilfe rufe, / du hörst mich in
    deinem Heiligtum,*
    von deinem Berg her schickst du mir Antwort.
5. Ganz ruhig kann ich mich schlafen legen,*
weil du mich beschützt, bis ich morgens erwache.
    6. Auch wenn's Tausende sind, die mich umzingeln,*
    sie können mir keine Angst einjagen!
7. Wenn einer in Not ist,*
bei dir findet er Hilfe.
    8. Herr, gib deinem Volk *
    Gelingen und Glück!
Kehrvers

Sein Erbarmen hört niemals auf
(Der Lobpreis Mariens – Lukas 1,46-55)

V/A: *Sein Erbarmen hört niemals auf!*
1. »Ich preise den Herrn und singe vor Freude *
über Gott, meinen Retter!
    2. Ich bin nur eine einfache Frau, / ein unbedeutendes
    Geschöpf vor ihm, *
    und doch hat er sich um mich gekümmert!
3. Von nun an wird man mich glücklich preisen *
in allen kommenden Generationen;
    4. denn Gott hat Großes an mir getan, *
    er, der mächtig und heilig ist.
5. Sein Erbarmen hört niemals auf; / er schenkt es allen, die
ihn ehren, *
über viele Generationen hin.
    6. Nun hebt er seinen gewaltigen Arm *
    und fegt die Stolzen weg samt ihren Plänen.
7. Nun stürzt er die Mächtigen vom Thron *
und richtet die Unterdrückten auf.
    8. Den Hungernden gibt er reichlich zu essen *
    und schickt die Reichen mit leeren Händen fort.
9. Unseren Vorfahren hat er zugesagt, *
Israel Güte und Treue zu erweisen.
    10. So hat er es Abraham versprochen *
    und seinen Nachkommen für alle Zeiten.
11. Nun hat er sich daran erinnert *
und nimmt sich seines Volkes an.«
Kehrvers

Lobpreis der Hilfe Gottes

Der seine große Macht erwiesen hat
(Das Danklied der befreiten Israeliten – 2 Mose 15,1-18)

V/A: *Herr, deine Hand erringt den Sieg.*
1. Mit meinem Lied will ich den Herrn besingen, / der seine
große Macht erwiesen*
und Roß und Mann ins Meer geworfen hat!
   2. Mit meinem Lied will ich ihn preisen,*
   ihn, meinen Herrn, / der mir zu Hilfe kam!
3. Mein Gott ist er, / ich rühme seine Macht;*
ich preise ihn, / den schon mein Vater ehrte.
   4. Welch großer Kämpfer ist er, dieser Gott!*
   Nur er, / der Herr allein, / hat es vollbracht!
5. Die Streitmacht Pharaos warf er ins Meer, / die schnell-
sten Wagen und die besten Krieger – *
im Schilfmeer sind sie allesamt versunken.
   6. Die Wasserfluten überrollten sie,*
   sie sanken in die Tiefe wie ein Stein.
7. Herr, deine Hand erringt den Sieg, / sie ist voll ungeheu-
rer Macht,*
und sie zerschmettert jeden Feind.
   8. In großer Hoheit zeigst du dich, / und wer sich gegen
   dich erhebt,*
   den wirfst du nieder in den Staub.
9. Dein Zorn ist eine Feuersglut,*
die jeden Feind wie Stroh verbrennt.
   10. Mit deinem Atem bliesest du aufs Meer *
   und türmtest seine Wassermassen auf.
11. Die Fluten standen aufrecht wie ein Damm,*
erstarrt wie Mauern mitten in dem Meer.
   12. Die Feinde prahlten: / ›Auf und ihnen nach!*
   Los, holt sie ein, / wir teilen uns die Beute!‹
13. Jedoch, Herr, / nur ein Atemstoß von dir, / und schon
bedeckte sie der Wasserwirbel;*
sie sanken auf den Meeresgrund wie Blei.
   14. Wer von den Göttern kann sich dir vergleichen? / Wer
   ist so heilig, Herr, und so gewaltig?*
   Wer sonst weckt Furcht und Staunen durch sein Tun?
15. Du brauchtest nur die rechte Hand zu heben,*
und schon verschlang die Erde deine Feinde.
   16. Mit starker Hand hast du dein Volk befreit, / in deiner
   Güte hast du es geführt,*
   du bringst es hin zu deiner heiligen Wohnung.
17. Die Nachbarvölker haben das gehört,*
sie haben keine Ruhe mehr und zittern.

18. Ein kalter Schauer schüttelt die Philister,*
die Edomiterfürsten sind bestürzt.
19. Den Führern Moabs ist der Mut entfallen,*
die Völker Kanaans sind voller Angst.
20. Sie sind von Furcht und Schrecken wie gelähmt,*
dein starker Arm läßt sie wie Stein erstarren;
21. damit dein Volk vorüberziehen kann,*
das Volk, das du zum Eigentum erwähltest.
22. Du selber bringst es hin zu deinem Berg / und pflanzt
es ein am Ort, an dem du wohnst,*
beim Heiligtum, das du geschaffen hast.
23. Herr, du bist König,* jetzt und allezeit!
Kehrvers

Er hat mich befreit aus der Hand meiner Feinde
(Das Danklied der Judit – Judit 16,1.2.13-17)

V/A: *Kommt, preist meinen Gott, singt zum Klang eurer
Trommeln!*
1. Kommt, singt für den Herrn, / singt zum Schall eurer Zimbeln,*
vereint euch und singt ihm den neuen Gesang!
2. Den Herrn sollt ihr rühmen, in Not zu ihm beten;*
denn er ist ein Gott, der die Kriege beendet.
3. Er hat mich befreit aus der Hand meiner Feinde,*
mich heil wieder heimgebracht zu seinem Volk.
4. Drum singe ich ihm, meinem Gott, neue Weisen: /
Du, Herr, bist so groß, / voller Hoheit und Macht,*
so stark, daß kein Gegner dir standhalten kann!
5. Auf Erden soll deshalb dir alles gehorchen;*
du riefst es ins Dasein durch deinen Befehl.
6. Dein Lebenshauch formte den Bau dieser Welt,*
drum kann kein Geschöpf deinem Wort widerstehn.
7. Die Berge erzittern, wenn sie dich erblicken,*
die Meere erschrecken, sie toben und schäumen,
8. die Felsen zerschmelzen, als wären sie Wachs;*
doch Liebe und Treue erfährt, wer dich ehrt.
9. Dem Herrn zu gehorchen, bringt bleibende Größe, / das
ist ihm auch lieber als Opfer von Tieren;*
für ihn ist doch jegliches Opfer zu klein!
Kehrvers

Du hast mich wieder aufgerichtet

(Lobpreis der Hanna – 1 Samuel 2,1-10)

V/A: *Der Herr allein ist heilig!*
1. »Herr, du hast mich fröhlich gemacht,*
du hast mich wieder aufgerichtet und gestärkt!
   2. Jetzt kann ich über meine Feinde lachen.*
   Ich bin voller Freude, / weil du mir geholfen hast.
3. Der Herr allein ist heilig; / es gibt keinen Gott außer ihm.*
Keiner kann schützen wie er.
   4. Tut nicht so groß! / Spielt euch doch nicht so auf!*
   Prahlt nicht so frech mit euren Plänen!
5. Der Herr weiß alles, was ihr tut;*
er hält Gericht über jede schändliche Tat.
   6. Starken Männern zerbricht er die Waffen;*
   Schwachen und Entmutigten gibt er neue Kraft.
7. Reiche müssen ihr Brot mit eigener Hand verdienen;*
Arme brauchen nicht mehr zu klagen und können feiern.
   8. Die Frau, die kinderlos war, / bringt sieben Kinder zur
   Welt,*
   doch die Kinderreiche behält nicht eines.
9. Der Herr tötet und macht lebendig,*
er verbannt in die Totenwelt.
   10. Er läßt die einen hochkommen *
   und bringt die anderen zu Fall.
11. Die Verachteten holt er aus ihrem Elend / und bringt sie
zu Ehren,*
er läßt sie aufsteigen in den Kreis der Angesehenen / und
gibt ihnen einen Ehrenplatz.
   12. Denn die ganze Erde gehört dem Herrn;*
   er hat sie errichtet auf Fundamenten, die nicht wanken.
13. Der Herr leitet und schützt alle, die ihm vertrauen;*
aber seine Feinde enden in Finsternis.
   14. Keiner, der sich auf seine eigene Kraft verläßt,*
   keiner erringt den Sieg.
15. Wer sich gegen den Herrn auflehnt, geht zugrunde;*
der Höchste im Himmel läßt seinen Donner gegen ihn
grollen.
   16. Der Herr hält Gericht über die ganze Erde. / Er hat
   seinen König erwählt und eingesetzt,*
   darum gibt er ihm Sieg und große Macht.«
Kehrvers

Gott hat auf meinen Hilfeschrei geachtet

(Psalm 66,1-12.17.19.20)

V/A: *Jubelt Gott zu, alle Völker der Erde!*
1. Singt zur Ehre seines Namens,*
rühmt ihn mit eurem Lobgesang!
   2. Sagt zu Gott: »Wie überwältigend sind deine Taten!*
   Deine Feinde müssen sich vor dir beugen, weil du so
   mächtig bist.
3. Alle Welt soll dich anbeten,*
alle sollen dir singen, / dich mit ihren Liedern preisen!«
   4. Kommt her und seht, was Gott getan hat!*
   Sein Tun erfüllt die Menschen mit Furcht und Staunen:
5. Er machte das Meer zu trockenem Land, / so daß wir zu
Fuß hindurchgehen konnten.*
Darüber waren wir voller Freude!
   6. Für immer regiert er mit gewaltiger Macht, / er behält
   die Völker genau im Auge.*
   Wer wagt es, ihm die Stirn zu bieten?
7. Ihr Völker, huldigt unserem Gott,*
preist ihn mit lauter Stimme!
   8. Er erhält uns am Leben *
   und bewahrt uns vor dem Untergang.
9. Gott, / du hast uns auf die Probe gestellt.*
So wie man Silber ausschmelzt, / hast du uns gereinigt.
   10. Du hast uns in die Falle laufen lassen,*
   und schwere Lasten aufgebürdet.
11. Unseren Feinden hast du erlaubt, uns in den Staub zu
treten. / Durch Feuer und Wasser mußten wir gehen;*
doch du hast uns herausgeholt, / so daß wir wieder frei
atmen konnten.
   12. Ich schrie zu ihm um Hilfe,*
   Gott hat auf meinen Hilfeschrei geachtet.
13. Ich danke Gott! / Er hat mein Gebet nicht abgewiesen *
und mir seine Güte nicht verweigert.
Kehrvers

Du hast mein Klagelied in Freudentanz verwandelt
(Psalm 30)

V/A: *Dir, Herr, mein Gott, gilt allezeit mein Dank!*
1. Ich preise dich, Herr,*
denn aus dem Abgrund hast du mich heraufgeholt.
    2. Meinen Feinden hast du keinen Grund gegeben,*
    sich über meinen Sturz zu freuen.
3. Herr, mein Gott, / ich schrie zu dir um Hilfe,*
und du hast mich wieder gesund gemacht.
    4. Du hast mich von den Toten zurückgeholt. / Ich stand
    schon mit einem Fuß im Grab,*
    doch du hast mir das Leben neu geschenkt.
5. Ihr alle, die ihr zum Herrn gehört, / preist ihn mit euren
Liedern,*
dankt ihm / und denkt daran, daß er heilig ist!
    6. Nur einen Augenblick trifft uns sein Zorn,*
    doch lebenslang umgibt uns seine Güte.
7. Am Abend mögen Tränen fließen – *
am Morgen jubeln wir vor Freude.
    8. Als ich mich sicher fühlte, dachte ich:*
    »Was kann mir schon geschehen?«
9. Durch deine Güte, Herr, / stand ich fester als die Berge. /
Doch dann verbargst du dich vor mir *
und stürztest mich in Angst und Schrecken.
    10. Ich schrie zu dir um Hilfe, Herr, / und fragte dich:*
    »Was nützt es dir, wenn ich jetzt sterbe, / wenn ich ins
    Grab hinunter muß?
11. Kann einer dir auch dann noch danken, / wenn er zu
Staub zerfallen ist?*
Kann denn ein Toter deine Treue preisen?
    12. Herr, / hab Erbarmen, / höre mich,*
    sei du mein Helfer, / Herr!«
13. Du hast mein Klagelied in Freudentanz verwandelt,*
mir statt des Trauerkleids ein Festgewand gegeben.
    14. Ich mußte nicht für immer verstummen;*
    ich kann dich mit meinen Liedern preisen.
Kehrvers

Du hast mich vom drohenden Tod gerettet
(Psalm 116)

V/A: *Er ist voll Liebe und hält sein Versprechen!*
1. Ich liebe den Herrn, / denn er hört mich,*
wenn ich zu ihm um Hilfe schreie.
   2. Er hat ein offenes Ohr für mich;*
   darum bete ich zu ihm, solange ich lebe.
3. Ich war gefangen in den Fesseln des Todes,*
die Schrecken der Totenwelt griffen nach mir.
   4. Angst und Verzweiflung quälten mich.*
   Da schrie ich zu ihm: »Herr, rette mein Leben!«
5. Er ist voll Liebe und hält sein Versprechen,*
voll Erbarmen ist unser Gott.
   6. Der Herr schützt alle, die sich nicht helfen können.*
   Ich war schwach, / und er hat mir geholfen.
7. Nun kann ich wieder zur Ruhe kommen,*
denn der Herr ist gut zu mir gewesen.
   8. Herr, du hast mich vom drohenden Tod gerettet,*
   den Strom meiner Tränen versiegen lassen / und meine
   Füße vor dem Abgrund zurückgehalten.
9. Ich darf in der Welt der Lebenden bleiben *
und in deiner Nähe weiterleben.
   10. Ich habe dem Herrn vertraut, auch als ich klagte:*
   »Ich liege ganz am Boden!«
11. In meiner Ratlosigkeit sagte ich:*
»Auf keinen Menschen ist Verlaß!«
   12. Wie kann ich dem Herrn vergelten,*
   was er für mich getan hat?
13. Ich will es vor der Gemeinde bekennen *
und den Becher erheben, um ihm zu danken.
   14. Was ich ihm versprochen habe, löse ich ein *
   in Gegenwart seines ganzen Volkes.
15. Der Herr läßt die Seinen nicht untergehen,*
dafür ist ihm ihr Leben zu wertvoll.
   16. Herr, / ich gehöre dir mit Leib und Leben;*
   darum hast du mich vom Tod befreit.
17. Ich bringe dir ein Dankopfer dar *
und bekenne, daß du mein Gott bist.
   18. Was ich dem Herrn versprochen habe, / das löse ich
   ein *
   in Gegenwart seines ganzen Volkes.
19. Preist den Herrn – *
Halleluja!
Kehrvers

Du rettest alle, die auf dich hoffen
(Danklied des Jesus Sirach – Sirach 51,1-3.6-12)

V/A: *Du hast meinen Hilferuf gehört.*
1. Ich danke dir, Herr und König;*
ich preise dich, / Gott, mein Retter!
    2. Deinen Namen will ich rühmen,*
    denn du bist mein Beschützer und Helfer.
3. Du hast mich vor dem Grab bewahrt, / mich aus der gefährlichen Schlinge befreit,*
die Verleumdung und Lüge mir ausgelegt hatten.
    4. Du warst mein Beistand gegen meine Feinde.*
    Weil dein Erbarmen so unendlich groß ist, / hast du geholfen und mich gerettet.
5. Mein Leben war dem Ende ganz nah,*
ich stand schon mit einem Fuß im Grab.
    6. Von allen Seiten umringten mich Feinde,*
    und keiner war da, der mir helfen konnte.
7. Ich blickte mich um nach Beistand von Menschen,*
doch weit und breit war keiner zu sehen.
    8. Da dachte ich an dein Erbarmen, Herr,*
    an deine Taten seit uralter Zeit:
9. Du rettest alle, die auf dich hoffen,*
und befreist sie aus der Macht ihrer Feinde.
    10. Da schrie ich zu dir hinauf um Hilfe *
    und bat dich um Rettung vom sicheren Tod.
11. Ich betete: »Herr, du bist mein Vater,*
du bist mächtig und kannst mich retten.
    12. Überhebliche Feinde bedrängen mich,*
    ich bin ohne Hilfe; verlaß mich nicht!
13. Ich werde nicht aufhören, dir zu danken*
und deinen Namen mit Liedern zu preisen.«
    14. Du hast meinen Hilferuf gehört, / mich vom Rand des Grabes zurückgeholt *
    und der Zeit des Unglücks ein Ende gemacht.
15. Darum danke ich dir und preise dich *
und rühme deinen Namen, Herr!
Kehrvers

Er ist ein Gott, der immer wieder hilft
(Psalm 68,5-11.20.21.33-36)

V/A: *Gott sei gepriesen!*
1. Singt zur Ehre Gottes,*
preist ihn mit Liedern!
    2. Baut eine Straße für den Wolkenreiter / – Herr ist sein
    Name –*
    freut euch und jubelt vor ihm!
3. Vater der Waisen, / Beistand der Witwen –*
das ist Gott in seiner heiligen Wohnung!
    4. Den Einsamen schafft er eine Familie, / die Gefange-
    nen führt er in Freiheit und Glück;*
    doch die Rebellen müssen zwischen kahlen Felsen woh-
    nen.
5. Gott, / als du auszogst an der Spitze deines Volkes,*
als du es durch die Wüste führtest,
    6. da bebte die Erde, / da troff der Himmel *
    vor dir, / dem Gott vom Sinai, / Israels Gott.
7. Du ließest reichlich Regen fallen,*
um dein erschöpftes Land neu zu beleben.
    8. Dein Volk hat dort eine Heimat gefunden,*
    so gütig sorgtest du für die Armen.
9. Tag für Tag sei der Herr gepriesen;*
denn er trägt uns, / er ist unser Helfer!
    10. Er ist ein Gott, der uns immer wieder hilft;*
    er ist unser Herr, der uns rettet vor dem Tod.
11. Ihr Mächtigen der Erde, / singt zur Ehre Gottes,*
preist den Herrn mit Liedern!
    12. Er reitet durch den höchsten Himmel,*
    der seit Ewigkeiten besteht.
13. Hört, wie mächtig seine Stimme erschallt!*
Erkennt seine Macht an!
    14. In seiner Hoheit regiert er Israel,*
    und seine Gewalt umfaßt den ganzen Himmel.
15. Ehrfurchtgebietend ist Gott,*
wenn er aus seinem Heiligtum hervortritt!
    16. Er ist der Gott Israels,*
    er verleiht seinem Volk Stärke und Macht.
Kehrvers

Er hat Wunder für uns vollbracht
(Psalm 98)

V/A: *Der Herr hat sein Versprechen eingelöst!*
1. Singt dem Herrn ein neues Lied!*
Er hat Wunder für uns vollbracht:
   2. Durch seine gewaltige, göttliche Macht *
   hat er den Sieg errungen.
3. Vor aller Welt hat er gezeigt, wie er sein Volk befreit.*
Nun wissen es alle: Auf ihn ist Verlaß!
   4. Er hat sein Versprechen eingelöst *
   und Israel Güte und Treue erwiesen.
5. Alle Völker der Erde haben gesehen,*
wie unser Gott uns gerettet hat.
   6. Jubelt dem Herrn zu, ihr Bewohner der Erde!*
   Jauchzt vor Freude, / preist ihn mit Liedern!
7. Laßt die Harfe für ihn erklingen,*
ehrt ihn mit eurem Saitenspiel!
   8. Laßt Trompeten und Hörner erschallen,*
   jubelt vor dem Herrn, / dem Herrscher der Welt!
9. Das Meer soll brausen / mit allem, was darin lebt;*
die Erde soll jubeln / mit allen, die darauf wohnen.
   10. Die Ströme sollen in die Hände klatschen *
   und alle Berge vor Freude singen!
11. Denn der Herr kommt;*
er kommt und sorgt für Recht auf der Erde.
   12. Er regiert die Völker in allen Ländern *
   als gerechter, unparteiischer Richter.
Kehrvers

Keiner ist wie du!
(Psalm 35,9.10.27.28)

V/A: *Herr, keiner ist wie du!*
1. Ich werde jubeln und mich freuen,*
weil mir der Herr geholfen hat.
   2. Aus tiefstem Herzen will ich zu ihm sagen:*
   »Herr, keiner ist wie du!
3. Du hilfst dem Schwachen gegen den Starken,*
du schützt den Wehrlosen und Armen / vor dem, der ihn
berauben will.«

4. Alle sollen vor Freude jubeln und immer wieder
sagen: / »Der Herr ist groß!*
Er sorgt dafür, daß sein Vertrauter / in Glück und Frieden
leben kann.«
5. Ich selbst will deine Treue verkünden,*
alle Tage will ich dich preisen.
Kehrvers

Einen starken Retter hat er uns gesandt

(Der Lobpreis des Zacharias – Lukas 1,68-79)

V/A: *Gepriesen sei der Herr, der Gott Israels!*
1. Denn er ist uns zu Hilfe gekommen *
und hat sein Volk befreit!
   2. Einen starken Retter hat er uns gesandt,*
   einen Nachkommen seines Dieners David.
3. So hat er schon vor langer Zeit *
durch seine Propheten angekündigt:
   4. Er wollte uns vor unseren Feinden retten,*
   aus der Gewalt all derer, die uns hassen.
5. Unseren Vorfahren wollte er Güte erweisen *
und nie den heiligen Bund vergessen, / den er mit ihnen geschlossen hat.
   6. Schon unserem Ahnherrn Abraham *
   hat er mit einem Eid versprochen,
7. uns aus der Macht der Feinde zu befreien,*
damit wir keine Furcht mehr haben müssen
   8. und unser Leben lang ihm dienen können *
   als Menschen, die ihrem Gott gehören / und tun, was er
   von ihnen verlangt.
9. Und du, mein Sohn – *
ein Prophet des Höchsten wirst du sein,
   10. weil du dem Herrn vorausgehen wirst,*
   um den Weg für ihn zu bahnen.
11. Du wirst dem Volk des Herrn verkünden, / daß nun die
versprochene Rettung kommt,*
weil Gott ihm seine Schuld vergeben will.
   12. Unser Gott ist voll Liebe und Erbarmen;*
   er schickt uns das Licht, das von oben kommt.
13. Es wird für alle leuchten, die im Dunkeln sind, / die im
finsteren Land des Todes leben,*
und wird uns auf den Weg des Friedens führen.
Kehrvers

Er befreit mich von allen Ängsten
(Psalm 34,2-11)

V/A: *Den Herrn will ich preisen zu jeder Zeit.*
1. Den Herrn will ich preisen zu jeder Zeit,*
nie will ich aufhören, ihm zu danken.
 2. Was er getan hat, will ich rühmen.*
 Hört es, ihr Unterdrückten, / und freut euch!
3. Preist mit mir die Taten des Herrn;*
laßt uns gemeinsam seinen Namen ehren!
 4. Ich wandte mich an den Herrn, / und er antwortete
 mir;*
 er befreite mich von allen meinen Ängsten.
5. Wenn einer zum Herrn blickt, / dann leuchtet sein Ge-
sicht,*
sein Vertrauen wird nicht enttäuscht.
 6. Hier steht einer, der um Hilfe rief.*
 Der Herr hat ihn gehört / und ihn aus jeder Bedrängnis
 gerettet.
7. Alle, die dem Herrn gehorchen, / umgibt sein Engel mit
mächtigem Schutz *
und bringt sie in Sicherheit.
 8. Erprobt es doch selbst und erlebt es: Der Herr ist
 gütig!*
 Wie glücklich sind alle, / die bei ihm Zuflucht suchen!
9. Ihr, die ihr dem Herrn gehört, / unterstellt euch ihm!*
Wer ihm gehorcht, kennt keine Not.
 10. Selbst starke Löwen leiden oftmals Hunger;*
 doch wer zum Herrn kommt, / findet alles, was er zum
 Leben nötig hat.
Kehrvers

Jubelt vor Freude
(Jesaja 52,9f)

1. Jubelt vor Freude, ihr Trümmer Jerusalems;*
denn der Herr hilft seinem Volk, / er befreit Jerusalem.
 2. Er greift ein, / er hat seinen heiligen Arm vor den
 Augen aller Völker erhoben.*
 Die ganze Erde sieht, wie unser Gott uns rettet.

Dank für Gottes große Taten

Dankt dem Herrn, denn er ist gut

(Das Danklied des David –
1 Chronik 16,8-14.28-34.36)

V/A: *Dankt dem Herrn, denn er ist gut zu uns!*
1. Dankt dem Herrn! / Sagt es laut, wer euer Gott ist;*
verkündet allen Völkern, was er getan hat!
   2. Singt und spielt zu seiner Ehre,*
   ruft euch seine Wunder ins Gedächtnis!
3. Seid stolz auf ihn, den heiligen Gott!*
Seid voller Freude über ihn, / ihr, die ihr nach ihm fragt!
   4. Geht zum Herrn, denn er ist mächtig;*
   sucht seine Nähe zu aller Zeit!
5. Ihr Nachfahren Israels, seine Diener, / ihr Nachkommen
Jakobs, seine Erwählten,*
erinnert euch an seine machtvollen Taten, / an seine Wunder und Gerichtsurteile!
   6. Er, der Herr, ist unser Gott,*
   seine Herrschaft umschließt die ganze Welt.
7. Singt dem Herrn, ihr Bewohner der ganzen Erde,*
verkündet Tag für Tag, wie gern er hilft!
   8. Erzählt allen Menschen von seiner Herrlichkeit,*
   berichtet allen Völkern von seinen großen Taten!
9. Der Herr ist mächtig, man muß ihn rühmen;*
mehr als alle Götter muß man ihn fürchten.
   10. Die Götter der Völker sind nur tote Götzen,*
   der Herr aber hat den Himmel geschaffen.
11. Pracht und Hoheit umgeben ihn,*
Macht und Freude erfüllen seine Wohnung.
   12. Auf zu ihm, ihr Völker! / Erweist dem Herrn Ehre,*
   unterwerft euch seiner Macht!
13. Erweist ihm die Ehre, die ihm zusteht:*
Bringt ihm eure Opfergaben!
   14. Werft euch vor ihm nieder,*
   wenn er in seiner Heiligkeit erscheint!
15. Die ganze Welt soll vor ihm erzittern!*
Die Erde ist fest gegründet, sie stürzt nicht zusammen.
   16. Der Himmel soll sich freuen, die Erde jauchzen!*
   Sagt es allen Menschen: »Der Herr ist König!«
17. Das Meer soll tosen mit allem, was darin lebt!*
Der Ackerboden soll fröhlich sein samt allem, was darauf
wächst!
   18. Die Bäume im Wald sollen jubeln; denn der Herr
   kommt,*
   er kommt und sorgt für Recht auf der Erde.

19. Dankt dem Herrn, / denn er ist gut zu uns,*
seine Liebe hört niemals auf!
    20. Gepriesen sei der Herr, der Gott Israels,*
    vom Anfang der Zeiten bis in alle Zukunft!
Kehrvers

Dankt dem Vater voll Freude
(Kolosser 1,12-20)

V/A: *Dankt dem Vater voll Freude!*
1. Denn er hat uns befähigt, an der Herrlichkeit teilzuha-
ben,*   die er für sein Volk im Reich des Lichtes bereithält.
    2. Er hat uns aus der Gewalt der dunklen Mächte geret-
    tet *
    und uns unter die Herrschaft seines geliebten Sohnes
    gestellt.
3. Durch ihn hat er uns befreit.*
Seinetwegen vergibt er uns unsere Schuld.
    4. Er ist das Bild des unsichtbaren Gottes, / der erstge-
    borene Sohn des Vaters;*
    er ist der Anfang der Schöpfung.
5. Durch ihn ist alles geschaffen worden, / was im Himmel
und auf der Erde lebt,*
alles, was man sehen kann, / und auch die unsichtbaren
Mächte und Gewalten.
    6. Alles hat Gott durch ihn geschaffen,*
    und in ihm findet alles sein letztes Ziel.
7. Er war vor allem anderen da,*
und alle Dinge bestehen durch ihn.
    8. Er ist auch das Haupt des Leibes,*
    und dieser Leib ist die Gemeinde.
9. Er ist der Anfang der neuen Schöpfung, / denn er ist der
erste von allen Toten, der zu neuem Leben geboren
wurde;*
in allem muß er der Erste sein.
    10. Es gefiel Gott, in ihm Wohnung zu nehmen / mit der
    ganzen Fülle seiner Macht*
    und durch ihn alle Feindschaft zu überwinden.
11. Unter ihm als dem Haupt soll Frieden werden – *
der Frieden, den er gestiftet hat, als er am Kreuz sein Blut
vergoß.
    12. Dieser Frieden umfaßt die Menschen auf der Erde *
    und genauso die überirdischen Mächte.
Kehrvers

Es macht Freude, dir zu danken
(Psalm 92)

V/A: *Wie gewaltig sind deine Taten!*
1. Herr, es macht Freude, dir zu danken,*
dich, den Höchsten, mit Liedern zu preisen;
    2. frühmorgens schon deine Güte zu rühmen *
    und nachts noch deine Treue zu verkünden
3. beim Klang der zehnsaitigen Harfe,*
zur Musik von Laute und Leier.
    4. Was du getan hast, Herr, / macht mich froh;*
    dein Eingreifen löst meinen Jubel aus.
5. Herr, / wie gewaltig sind deine Taten,*
wie unergründlich deine Gedanken!
    6. Wer keine Einsicht hat, erkennt sie nicht.*
    Wer sich nichts sagen läßt, / wird nichts davon verstehen.
7. Menschen, die deine Gebote mißachten, können sprießen wie das Gras,*
die Unheilstifter mögen blühen und gedeihen – / am Ende werden sie ausgetilgt!
    8. Du, Herr, hoch über allen,*
    du bleibst für alle Zeiten.
9. Aber deine Feinde, Herr, / deine Feinde kommen um;*
sie werden vertrieben, diese Unheilstifter!
    10. Du hast mir die Kraft des Wildstiers gegeben *
    und mich mit Ehre und Freude überschüttet.
11. Ich sehe den Sturz meiner Feinde,*
ich höre das Klagegeschrei der Gegner, / die mich überfallen wollten.
    12. Wer Gott die Treue hält, / wächst auf wie die immergrüne Palme *
    und wird groß wie die starke Libanonzeder.
13. Wie ein Baum, der im Vorhof des Tempels steht,*
wächst er in der Nähe des Herrn, unseres Gottes.
    14. Noch im hohen Alter trägt er Frucht,*
    immer bleibt er voll Saft und Kraft.
15. Sein Leben bezeugt: Der Herr tut das Rechte,*
auf ihn ist Verlaß, bei ihm gibt's kein Unrecht!
Kehrvers

Preist ihn, wenn ihr zusammenkommt
(Psalm 149,1-5)

V/A: *Halleluja – Preist den Herrn!*
1. Singt dem Herrn ein neues Lied, / preist ihn, wenn ihr zu-
sammenkommt,*
ihr alle, die ihr zu ihm haltet!
   2. Freu dich, Volk Israel:*
   er ist dein Schöpfer!
3. Du Gemeinde auf dem Zionsberg,*
juble ihm zu: / er ist dein König!
   4. Rühmt ihn mit festlichem Reigentanz, / singt ihm zum
   Takt der Tamburine,*
   ehrt ihn mit eurem Saitenspiel!
5. Denn der Herr ist freundlich zu seinem Volk,*
er erhöht die Erniedrigten durch seine Hilfe.
   6. Alle, die zum Herrn gehören, sollen jubeln, / weil er
   sie zu Ehren gebracht hat!*
   Sie sollen vor Freude singen, auch in der Nacht!
Kehrvers

Freut euch und jubelt
(Jesaja 12,1-6)

V/A: *Herr, ich danke dir!*
1. Gott ist mein Helfer,*
ich bin voll Vertrauen und habe keine Angst!
   2. Den Herrn will ich rühmen mit meinem Lied,*
   denn er hat mich gerettet.
3. Dankt dem Herrn!*
Sagt es laut, wer euer Gott ist;
   4. verkündet allen Völkern, was er getan hat;*
   macht bekannt, wie unvergleichlich groß er ist!
5. Singt und spielt zur Ehre des Herrn!*
Denn er hat gewaltige Taten vollbracht;
   6. Freut euch und jubelt, ihr Bewohner von Zion! / Denn
   er wohnt in eurer Mitte,*
   er, / der große, heilige Gott Israels!
Kehrvers

Singt dem Herrn, dankt eurem Gott
(Psalm 96)

V/A: *Singt dem Herrn, dankt eurem Gott!*
1. Singt dem Herrn ein neues Lied!*
Singt dem Herrn, ihr Bewohner der ganzen Erde!
   2. Singt dem Herrn, dankt eurem Gott,*
   verkündet Tag für Tag, wie gern er hilft!
3. Erzählt allen Menschen von seiner Herrlichkeit,*
berichtet allen Völkern von seinen großen Taten!
   4. Der Herr ist mächtig, man muß ihn rühmen;*
   mehr als alle Götter muß man ihn fürchten.
5. Die Götter der Völker sind nur tote Götzen,*
der Herr aber hat den Himmel geschaffen.
   6. Macht und Hoheit umgeben ihn,*
   Pracht und Herrlichkeit erfüllen seinen Tempel.
7. Auf zu ihm, ihr Völker!*
Erweist dem Herrn Ehre, unterwerft euch seiner Macht!
   8. Erweist ihm die Ehre, die ihm zusteht:*
   Bringt Opfergaben in seinen Tempel!
9. Werft euch vor ihm nieder, / wenn er in seiner Heiligkeit
erscheint!*
Die ganze Welt soll vor ihm erzittern.
   10. Sagt es allen Menschen:*
   »Der Herr ist König!«
11. Die Erde ist fest gegründet, sie stürzt nicht zusammen.*
Der Herr wird allen Völkern gerechtes Urteil sprechen!
   12. Der Himmel soll sich freuen, / die Erde jauchzen,*
   das Meer soll tosen mit allem, was darin lebt!
13. Der Ackerboden soll fröhlich sein / samt allem, was darauf wächst;*
alle Bäume im Wald sollen jubeln!
   14. Denn der Herr kommt:*
   er kommt und sorgt für Recht auf der Erde.
15. Er regiert die Völker in allen Ländern *
als gerechter, unbestechlicher Richter.
Kehrvers

Auf, dankt dem Herrn!
(Psalm 134)

V/A: *Auf, dankt dem Herrn!*
1. Auf, / dankt dem Herrn, ihr seine Diener alle,*
die ihr in seinem Hause steht / und nachts den Dienst verrichtet!
    2. Streckt eure Hände aus zum Heiligtum *
    und dankt dem Herrn!
3. »Vom Zion, / von seinem Tempel aus segne dich der Herr,*
der Himmel und Erde geschaffen hat!«
Kehrvers

Dankt ihm, daß alle es hören
(Aus dem Gebet des Tobit – Tobit 13,2.4.6f)

V/A: *Gepriesen sei Gott, der ewig lebt und regiert!*
1. Rühmt ihn vor allen Menschen; / denn er ist unser Herr, / unser Gott und Vater,*
er ist Gott in alle Ewigkeit!
    2. Wendet euch von ganzem Herzen ihm zu *
    und lebt so, wie er es von euch haben will;
3. dann wird auch er sich euch zuwenden *
und wieder freundlich auf euch blicken.
    4. Bedenkt, was er für euch getan hat,*
    und dankt ihm, daß alle es hören!
5. Preist den Herrn, der zu seinen Zusagen steht;*
rühmt den König, dessen Herrschaft niemals aufhört!
Kehrvers

Gott will ich immer danken
(Psalm 52,11)

V/A: *Gott will ich immer danken!*
1. Gott, ich will dir immer danken *
für das, was du getan hast.
    2. Vor allen, die zu dir halten, will ich dich rühmen,*
    weil du so gütig bist.
Kehrvers

Sagt es laut, wer euer Gott ist
(Psalm 105,1-10.37-45)

V/A: *Dankt und preist den Herrn!*
1. Sagt es laut, wer euer Gott ist;*
verkündet allen Völkern, was er getan hat!
   2. Singt und spielt zu seiner Ehre,*
   ruft euch seine Wunder ins Gedächtnis!
3. Seid stolz auf ihn, den heiligen Gott!*
Seid voller Freude über ihn, / ihr, die ihr nach ihm fragt!
   4. Geht zum Herrn, denn er ist mächtig;*
   sucht seine Nähe zu aller Zeit!
5. Ihr Nachfahren seines Dieners Abraham, / ihr Nachkommen Jakobs, seine Erwählten,*
erinnert euch an seine machtvollen Taten und Wunder.
   6. Er, der Herr, ist unser Gott,*
   seine Herrschaft umschließt die ganze Welt.
7. Niemals vergißt er seinen Bund mit uns,*
sein Versprechen gilt tausend Generationen.
   8. So hat er es Abraham zugesagt *
   und Isaak mit einem Schwur bestätigt.
9. So hat er es Jakob fest versprochen,*
als ewigen Bund mit Israel.
   10. Er führte die Seinen aus der Gefangenschaft,*
   beladen mit Schätzen von Silber und Gold.
11. Ganz Ägypten war froh über ihren Auszug,*
so groß war die Angst vor Israel.
   12. Durch eine Wolke schützte der Herr sein Volk,*
   und Feuer erhellte für sie die Nacht.
13. Als sie ihn baten, ließ er Wachteln kommen,*
mit Brot vom Himmel machte er sie satt.
   14. Er öffnete den Felsen, und Wasser kam hervor,*
   wie ein Strom ergoß es sich durch die Wüste.
15. Das tat er wegen seines heiligen Versprechens,*
das er seinem Diener Abraham gegeben hatte.
   16. Als er sein erwähltes Volk befreite,*
   da sangen und jubelten sie vor Freude.
17. Er gab ihnen die Länder anderer Völker,*
der Ertrag fremder Arbeit wurde ihr Besitz,
   18. damit sie nun seinen Anordnungen folgen *
   und seinen Weisungen gehorchen.
Kehrvers

Herr, ich vertraue dir

Herr, ich vertraue dir
(Psalm 9,2-13)

V/A: *Wer zu dir kommt, den läßt du nicht im Stich!*
1. Herr, / von ganzem Herzen will ich dir danken,*
deine machtvollen Taten allen verkünden.
    2. Über dich will ich jubeln und mich freuen,*
    von dir will ich singen, / du höchster Gott!
3. Als du dich zeigtest, / mußten meine Feinde weichen,*
sie strauchelten und kamen um.
    4. Du hast dich auf den Richterstuhl gesetzt / und mir zu
    meinem Recht verholfen,*
    denn deine Urteile sind gerecht.
5. Den Völkern hast du gedroht, / deine Feinde zerschlagen,*
ihre Namen für immer ausgetilgt.
    6. Völlig vernichtet hast du sie, / ihre Städte entvölkert
    und in Trümmer gelegt,*
    für immer sind sie vergessen.
7. Doch der Herr regiert für alle Zeiten,*
sein Richterstuhl ist aufgestellt.
    8. Der ganzen Welt spricht er gerechtes Urteil,*
    unparteiisch entscheidet er über die Völker.
9. Den Unterdrückten bietet er sicheren Schutz;*
in schlimmer Zeit sind sie bei ihm geborgen.
    10. Weil ich das weiß, Herr, / vertraue ich dir,*
    denn wer zu dir kommt, / den läßt du nicht im Stich.
11. Preist den Herrn mit eurem Lied, / ihn, dessen Thron auf
dem Zionsberg steht;*
macht bei den Völkern seine Taten bekannt!
    12. Den Hilfeschrei der Armen überhört er nicht,*
    er vergißt nicht die Qual der Verfolgten / und zieht die
    Verfolger zur Rechenschaft.
Kehrvers

Was der Herr sagt, ist zuverlässig
(Psalm 33,1-12.17-22)

V/A: *Jubelt dem Herrn, denn ihr seid sein Volk!*
1. Ihr, die ihr auf ihn hört,*
ihr habt das Vorrecht, ihn zu preisen.
   2. Dankt dem Herrn auf der Laute,*
   spielt für ihn auf der zehnsaitigen Harfe!
3. Singt ihm ein neues Lied,*
singt und spielt, gebt euer Bestes!
   4. Was der Herr sagt, ist zuverlässig,*
   er beweist es durch seine Taten.
5. Er will, daß Recht und Gerechtigkeit herrschen;*
von seiner Güte lebt die ganze Welt.
   6. Durch das Wort des Herrn entstand der Himmel,*
   er schuf die Gestirne durch seinen Befehl.
7. Das Wasser am Himmel hat er in Wolken gefaßt,*
die Fluten in Kammern eingesperrt.
   8. Vor ihm muß sich die ganze Erde fürchten *
   und jeder Mensch in Ehrfurcht erschauern.
9. Denn er spricht, und es geschieht;*
er gibt einen Befehl, schon ist er ausgeführt.
   10. Der Herr durchkreuzt die Beschlüsse der Völker,*
   er macht ihre stolzen Pläne zunichte.
11. Doch was er selbst sich vornimmt, / das führt er auch aus;*
sein Plan steht für alle Zeiten fest.
   12. Glücklich das Volk, das den Herrn zum Gott hat,*
   das er erwählt hat als sein Eigentum!
13. Wer sich auf Reiterheere verläßt, ist verlassen;*
auch viele Pferde können den Sieg nicht erzwingen.
   14. Doch der Herr beschützt alle, die ihm gehorchen,*
   alle, die mit seiner Treue rechnen.
15. Er wird sie vor dem Tod bewahren *
und in Hungerzeiten am Leben erhalten.
   16. Wir hoffen auf den Herrn,*
   er hilft uns und beschützt uns.
17. Wir vertrauen ihm,*
denn auf ihn ist Verlaß.
   18. Herr, laß uns deine Güte sehen,*
   wie wir es von dir erhoffen!
Kehrvers

Glücklich ist jeder, der Gott zum Helfer hat
(Psalm 146)

V/A: *Halleluja – Preist den Herrn!*
1. Ich will den Herrn preisen! / Ich will ihn loben mein Leben lang,*
meinem Gott will ich singen, solange ich atme!
    2. Verlaßt euch nicht auf die, die Macht und Einfluß haben!*
    Sie sind auch nur Menschen / und können euch nicht helfen.
3. Sie müssen sterben und zu Staub zerfallen,*
und mit ihnen vergehen auch ihre Pläne.
    4. Wie glücklich aber ist jeder, der den Gott Jakobs zum Helfer hat / und seine Hoffnung auf ihn setzt,*
    auf den Herrn, seinen Gott!
5. Der Herr hat die ganze Welt geschaffen: / den Himmel, die Erde und das Meer, / samt allen Geschöpfen.*
Seine Treue ist unwandelbar.
    6. Den Unterdrückten verschafft er Recht,*
    den Hungernden gibt er zu essen.
7. Er befreit die Gefangenen, und macht die Blinden sehend,*
er richtet die Verzweifelten auf.
    8. Er beschützt die Gäste und Fremden im Land *
    und sorgt für die Witwen und Waisen.
9. Der Herr liebt alle, die ihm die Treue halten,*
aber die Pläne der Treulosen vereitelt er.
    10. Der Herr bleibt König für alle Zeiten! / Zion, dein Gott wird herrschen *
    von Generation zu Generation!
Kehrvers

Reich beschenkst du jeden
(Psalm 5,12f)

V/A: *Freuen sollen sich alle, die sich auf dich verlassen.*
1. Ihr Jubel soll kein Ende haben,*
denn du bist ihr Beschützer.
    2. Alle, die dich lieben,*
    sollen vor Freude singen!
3. Reich beschenkst du jeden, / der dir, Herr, die Treue hält;*   schützend umgibt ihn deine Liebe.
Kehrvers

Er heilt alle, deren Herz zerrissen ist
(Psalm 147,1-14)

V/A: *Halleluja – Preist den Herrn!*
1. Ja, es ist gut, unserem Gott zu singen;*
es macht Freude, ihn mit Liedern zu preisen!
    2. Der Herr baut Jerusalem wieder auf,*
    die aus Israel Verschleppten bringt er wieder heim.
3. Er heilt alle, deren Herz zerrissen ist,*
und er verbindet ihre Wunden.
    4. Er allein kennt die Zahl der Sterne,*
    jedem hat er seinen Namen gegeben.
5. Unser Herr ist gewaltig, / groß ist seine Macht,*
seine Einsicht hat keine Grenzen.
    6. Er richtet die Erniedrigten auf,*
    doch die Empörer wirft er zu Boden.
7. Stimmt ein Loblied an für den Herrn,*
singt unserem Gott zum Klang der Laute!
    8. Er bedeckt den Himmel mit Wolken / und schafft den
    Regen für die Erde herbei;*
    er läßt das Gras auf den Bergen wachsen.
9. Allen Tieren gibt er Futter,*
auch den jungen Raben, die danach schreien.
    10. Viele verlassen sich auf die Kraft ihrer Pferde / und die
    schnellen Füße ihrer Krieger;*
    sie alle sind dem Herrn zuwider.
11. Doch seine Freude hat er an Menschen, / die ihn ehren
und ihm gehorchen*
und mit seiner Güte rechnen.
    12. Preise den Herrn, Jerusalem;*
    rühme deinen Gott, du Zionsstadt!
13. Er schafft Sicherheit in deinen Mauern,*
er segnet das Volk, das in dir wohnt.
    14. Glück und Frieden gibt er deinem Land,*
    mit bestem Weizen macht er dich satt.
Kehrvers

Ich verlasse mich auf deine Liebe
(Psalm 13,6)

1. Ich verlasse mich auf deine Liebe,*
ich juble über deine Hilfe.
    2. Mit meinem Lied will ich dir danken, Herr,*
    weil du so gut zu mir gewesen bist.

Nur du befreist uns
(Psalm 44,1-9)

V/A: *Nur du befreist uns, Herr.*
1. Gott, mit eigenen Ohren haben wir's gehört,*
unsere Väter und Vorväter haben uns erzählt,
   2. was du vollbracht hast in ihren Tagen – *
   damals, vor langer Zeit.
3. Fremde Völker hast du aus dem Land vertrieben *
und unsere Väter darin wohnen lassen.
   4. Die Fremden hast du hart geschlagen,*
   damit unsere Väter in Freiheit leben konnten.
5. Sie haben zwar das Land erobert, / doch nicht durch ihre
Schwerter kam der Sieg *
und nicht durch ihre eigene Kraft:
   6. Durch deine Hand und deine Macht / und deine Gegenwart ist es geschehen,*
   denn du liebtest sie!
7. Du, Gott, bist unser König,*
du gibst den Nachkommen Jakobs den Sieg.
   8. Mit deiner Hilfe stoßen wir die Gegner nieder,*
   durch deine Macht zertreten wir unsere Feinde.
9. Wir verlassen uns nicht auf unseren Bogen,*
wir erwarten nicht, daß unser Schwert uns rettet:
   10. Nur du befreist uns von unseren Feinden *
   und stürzt die in Schande, die uns hassen.
11. Alle Tage wollen wir dich rühmen *
und dir, unserem Gott, ohne Ende danken!
Kehrvers

Den Waisen und Unterdrückten verschaffst du Recht
(Psalm 10,16-18)

V/A: *Du, Herr, bist König für immer und ewig.*
1. Die Fremden, die nichts von dir wissen wollen,*
müssen aus deinem Land verschwinden.
   2. Du nimmst die Bitten der Armen an,*
   du achtest auf sie, Herr, du machst ihnen Mut.
3. Den Waisen und Unterdrückten verschaffst du Recht *
und läßt keinen Menschen mehr Schrecken verbreiten.
Kehrvers

Er rettet sie aus jeder Bedrängnis
(Psalm 34,16-21.23)

V/A: *Er rettet uns aus jeder Bedrängnis.*
1. Der Herr hat ein offenes Auge für alle, die ihm die Treue halten,*
und ein offenes Ohr für ihre Bitten.
   2. Denen, die Böses tun, widersteht er *
   und läßt die Erinnerung an sie mit ihnen sterben.
3. Doch wenn die Seinen rufen, hört er sie *
und rettet sie aus jeder Bedrängnis.
   4. Wenn sie verzweifelt sind und keinen Mut mehr haben,*
   dann ist er ihnen nahe und hilft.
5. Wer dem Herrn treu bleibt, geht durch viele Nöte,*
aber aus allen befreit ihn der Herr.
   6. Er bewahrt ihn so unversehrt,*
   daß man ihm keinen Knochen brechen darf.
7. Der Herr rettet das Leben aller, die bei ihm Schutz suchen;*
keiner wird enttäuscht.
Kehrvers

Der Herr steht ihm bei
(Psalm 41,2-4.14)

V/A: *Wie glücklich ist, wer für die Hilflosen sorgt!*
1. Wenn er in Not gerät, holt der Herr ihn heraus *
und erhält ihn am Leben;
   2. Jeder im Land wird ihn glücklich preisen.*
   Der Herr überläßt ihn nicht der Willkür seiner Feinde.
3. Wenn Krankheit ihn niederwirft, steht der Herr ihm bei *
und hilft ihm wieder auf.
   4. Gepriesen sei der Herr, der Gott Israels,*
   vom Anfang der Zeiten bis in alle Zukunft!
5. Amen –,*
so soll es sein!
Kehrvers

Ich weiß mich beschützt und geborgen
(Psalm 16)

V/A: *Schütze mich, Gott! Ich vertraue dir.*
1. Ich sage zu dir: »Du bist mein Herr.*
Mein Glück finde ich allein bei dir!«
   2. Im Land werden viele Götter verehrt,*
   an denen auch ich meine Freude hatte.
3. Jetzt aber sage ich: / Wer anderen Göttern nachläuft, /
muß seine volle Strafe tragen.*
Ich gieße diesen Göttern kein Opferblut mehr hin; / nicht
einmal ihre Namen sprech ich aus.
   4. Herr, / was ich brauche, du teilst es mir zu;*
   du hältst mein Los in der Hand.
5. Mir ist ein schöner Anteil zugefallen;*
was du mir zugemessen hast, gefällt mir gut.
   6. Ich preise den Herrn, / der mir sagt, was ich tun soll;*
   auch nachts erinnert mich mein Herz an seinen Rat.
7. Er ist mir nahe, / das ist mir immer bewußt.*
Er steht mir zur Seite, / darum fühle ich mich sicher.
   8. Ich weiß mich beschützt und geborgen,*
   darum bin ich voll Freude und Dank.
9. Herr, ich halte zu dir, / darum wirst du mich nicht in die
Totenwelt schicken.*
Du kannst mich doch nicht der Vernichtung preisgeben!
   10. Du zeigst mir den Weg zum Leben. / Deine Nähe erfüllt mich mit Freude;*
   aus deiner Hand kommt ewiges Glück.
Kehrvers

Manche schwören auf gepanzerte Wagen
(Psalm 20,8f)

1. Manche schwören auf gepanzerte Wagen, / andere verlassen sich auf Pferde;*
doch wir vertrauen auf den Herrn, unseren Gott!
   2. Sie alle sinken in die Knie und fallen hin,*
   wir aber stehen und halten stand.

Dir nahe zu sein, ist mein ganzes Glück
(Psalm 73,23-28)

V/A: *Dir nahe zu sein, ist mein ganzes Glück!*
1. Du hast meine Hand ergriffen und hältst mich; / du leitest mich nach deinem Plan *
und holst mich am Ende in deine Herrlichkeit.
   2. Wer im Himmel könnte mir helfen, wenn nicht du? /
   Was soll ich mir noch wünschen auf der Erde?*
   Ich habe doch dich!
3. Auch wenn ich Leib und Leben verliere, / du, Gott, hältst mich;*
du bleibst mir für immer!
   4. Wer sich von dir entfernt, geht zugrunde;*
   wer dir untreu wird, den vernichtest du.
5. Aber ich setze mein Vertrauen auf dich, meinen Herrn;*
dir nahe zu sein, ist mein ganzes Glück.
Kehrvers

Der Herr sieht die Treuen
(Psalm 11,4-7)

V/A: *Der Herr sieht die Treuen.*
1. Der Herr ist hier in seinem heiligen Tempel,*
er, / dessen Thronsitz im Himmel steht.
   2. Seine Augen sind auf die Menschen gerichtet,*
   nichts entgeht ihrem prüfenden Blick.
3. Der Herr sieht die Treuen, die ihm gehorchen, / und auch die andern, die ihn mißachten.*
Und wer Gewalt liebt, den haßt er von Herzen.
   4. Er straft die Schuldigen mit harten Plagen: / Feuer und
   Schwefel läßt er auf sie regnen,*
   versengender Glutwind wird ihnen zuteil.
5. Der Herr erfüllt, was er versprochen hat, / und er liebt alle, die ihr Versprechen halten:*
Wer ihm gehorcht, der darf in seiner Nähe leben.
Kehrvers

Wer dem Herrn vertraut, wird seine Güte erfahren
(Psalm 32)

V/A: *Wer dem Herrn vertraut, / wird seine Güte erfahren!*
1. Freuen dürfen sich alle, / denen Gott ihr Unrecht vergeben *
und ihre Verfehlungen zugedeckt hat!
    2. Freuen darf sich jeder, / dem die Schuld vom Herrn nicht angerechnet wird *
    und dessen Leben frei von Falschheit ist!
3. Herr, erst wollte ich meine Schuld verschweigen;*
doch davon wurde ich so krank, / daß ich von früh bis spät nur stöhnen konnte.
    4. Ich spürte deine Hand bei Tag und Nacht; / sie drückte mich zu Boden, / ließ meine Lebenskraft entschwinden *
    wie in der schlimmsten Sommerdürre.
5. Darum entschloß ich mich, / dir meine Verfehlungen zu bekennen.*
Was ich getan hatte, gestand ich dir;
    6. ich verschwieg dir meine Schuld nicht länger.*
    Und du – du hast mir alles vergeben!
7. Deshalb soll jeder, der dir die Treue hält,*
zu dir beten, wenn er in Not gerät.
    8. Wenn sie ihn dann bedrängt wie eine Flut,*
    wird sie ihn nicht verschlingen können.
9. Bei dir finde ich Schutz; / du hältst die Not von mir fern,*
so daß ich über meine Rettung jubeln kann.
    10. Der Herr hat mir geantwortet: / »Ich sage dir, was du tun sollst, / und zeige dir den richtigen Weg.*
    Ich lasse dich nicht aus den Augen.
11. Sei doch nicht unverständig wie ein Maultier oder Pferd, / das man mit Zaum und Zügel lenken muß!*
Dann wird dir nichts geschehen. «
    12. Wer Gottes Gebot mißachtet, / der schafft sich viel Kummer;*
    wer aber dem Herrn vertraut, / der wird seine Güte erfahren.
13. Ihr, die ihr dem Herrn gehorcht, / freut euch und jubelt über ihn!*
Wer zu ihm hält, der soll vor Freude singen!
Kehrvers

Loblied auf Gottes Weisungen

Glücklich ist, wer das Gesetz des Herrn befolgt
(Psalm 119,1-16)

V/A: *An deine Ordnungen will ich mich halten.*
1. Wie glücklich ist, wer stets unsträflich lebt *
und das Gesetz des Herrn genau befolgt!
2. Wie glücklich ist, wer Gottes Weisung ausführt *
und wer mit ganzem Herzen nach ihm fragt!
3. Bei solchen Menschen findet sich kein Unrecht,*
weil sie in allem Gottes Willen tun.
4. Du, Herr, / hast deine Vorschriften gegeben,*
damit man sich mit Sorgfalt danach richtet.
5. Ich wünschte mir noch mehr Entschiedenheit,*
mich deinen Ordnungen zu unterstellen!
6. Dann brauchte ich nicht mehr beschämt zu sein *
im Blick auf die Gebote, die du gabst.
7. Was du entschieden hast, präg ich mir ein *
und preise dich dafür mit reinem Herzen.
8. An deine Ordnungen will ich mich halten;*
steh du mir bei und laß mich nicht im Stich!
9. Wie kann ein junger Mensch sein Leben meistern?*
Indem er tut, was du gesagt hast, Herr.
10. Von Herzen frage ich nach deinem Willen;*
bewahre mich davor, ihn zu verfehlen!
11. Was du gesagt hast, präge ich mir ein,*
weil ich vor dir nicht schuldig werden will.
12. Ich muß dir immer wieder danken, Herr,*
weil du mich deinen Willen kennen lehrst.
13. Was du nach deinem Recht entschieden hast,*
das sage ich mir immer wieder auf.
14. Genau nach deinen Weisungen zu leben,*
erfreut mich ebenso wie großer Reichtum.
15. Ich denke über deine Regeln nach,*
damit ich deinen Weg für mich erkenne.
16. Herr, deine Ordnungen sind meine Freude;*
ich werde deine Worte nicht vergessen.
Kehrvers

An deiner Weisung hab ich meine Freude
(Psalm 119,18.24.31-40.43-45.47.48)

V/A: *Steh mir zur Seite, Herr, dann kann ich leben.*
1. Herr, / öffne mir die Augen für die Wunder,*
die dein Gesetz in sich verborgen hält!
   2. An deiner Weisung hab ich meine Freude,*
   weil ich mit ihr stets gut beraten bin.
3. Ich binde mich ganz fest an deine Weisung;*
Herr, / laß mich deshalb nicht als Narr dastehn!
   4. Den Weg, den du mir vorschreibst, gehe ich,*
   weil du mir hilfst, ihn richtig zu verstehen.
5. Herr, / laß mich deine Regeln klar erkennen,*
damit ich sie befolge, / mir zum Lohn.
   6. Gib mir genug Verstand für dein Gesetz;*
   von ganzem Herzen will ich darauf hören.
7. Was du befohlen hast, hilf mir befolgen;*
ich werde große Freude daran haben!
   8. Auf deine Weisung richte meinen Sinn,*
   nicht darauf, großen Reichtum zu erlangen!
9. Zieh meinen Blick von Nichtigkeiten ab *
und führe mich, damit ich leben kann!
   10. Bestätige auch mir, Herr, / dein Versprechen,*
   das allen gilt, die dir gehorchen wollen.
11. Die Schande, die mir Angst macht, / nimm sie weg!*
Was du entscheidest, das ist gut und recht.
   12. Ich will mich ganz nach deinen Regeln richten.
   Steh mir zur Seite, Herr, / dann kann ich leben!
13. Ich möchte deine Treue rühmen können;*
auf deinen Urteilsspruch vertraue ich.
   14. An dein Gesetz will ich mich halten, Herr,*
   in jeder Lage und für alle Zukunft.
15. Ich werde frei von jeder Enge leben,*
weil ich mich stets nach deiner Weisung richte.
   16. Ich liebe die Gebote, die du gabst;*
   es macht mir Freude, wenn ich sie befolge.
17. Ich liebe und verehre die Gebote *
und denke über deine Regeln nach.
Kehrvers

Deine Regeln sind Inhalt meiner Lieder

(Psalm 119,54-56.65-68.73-80)

V/A: *Deinen Weisungen vertraue ich.*
1. Solang ich Gast auf dieser Erde bin,*
sind deine Regeln Inhalt meiner Lieder.
   2. Mein Denken kreist in jeder Nacht um dich,*
   damit ich immer dein Gesetz befolge.
3. Nach deinen Regeln jederzeit zu leben,*
das ist mein Auftrag und mein größtes Glück.
   4. Du bist so gut zu mir gewesen, Herr,*
   genauso, wie du es versprochen hattest.
5. Gib du mir rechte Einsicht und Erkenntnis;*
denn deinen Weisungen vertraue ich.
   6. Bevor ich leiden mußte, ging ich irre;*
   jetzt aber tue ich, was du befiehlst.
7. Stets bist du gut und tust mir so viel Gutes!*
Herr, / hilf mir, deinen Willen zu erkennen!
   8. Mit deinen Händen hast du mich gestaltet;*
   Herr, / hilf mir, deinen Willen zu verstehen!
9. Die Deinen sehen mich und freuen sich,*
weil ich mich auf dein Wort verlassen habe.
   10. Ich weiß, Herr, / daß du stets gerecht entscheidest;*
   du hattest recht, als du mich leiden ließest.
11. Laß deine Güte mich nun wieder trösten,*
so, Herr, / wie du es mir versprochen hast!
   12. Erbarm dich über mich, dann kann ich leben;*
   denn dein Gesetz ist meine größte Freude!
13. Bring Schande über alle frechen Lügner, / weil sie mich
ohne jeden Grund verklagen!*
Ich denke über deine Regeln nach.
   14. Laß alle zu mir kommen, die dich ehren,*
   damit sie deine Weisungen erkennen!
15. Ich will genau nach deinen Regeln leben,*
dann werde ich auch nicht in Schande kommen.
Kehrvers

Dein Wort, Herr, bleibt für alle Zeit
(Psalm 119,89-103)

V/A: *Ich werde deine Regeln nie vergessen.*
1. Dein Wort, Herr, / bleibt für alle Zeit bestehen,*
bei dir im Himmel ist sein fester Platz.
    2. Auch deine Treue bleibt für alle Zukunft:*
    Du hast die Erde dauerhaft gegründet.
3. Dein Wille hält bis heute alles aufrecht,*
und alle Dinge stehen dir zu Diensten.
    4. Wenn dein Gesetz nicht meine Freude wäre,*
    dann wäre ich vor Elend umgekommen.
5. Ich werde deine Regeln nie vergessen;*
ich weiß, / durch sie erhältst du mich am Leben.
    6. Herr, ich gehöre dir, / komm mir zu Hilfe!*
    Ich frage jederzeit nach deinen Regeln.
7. Verbrecher warten drauf, mich zu vernichten;*
ich aber will auf deine Weisung achten.
    8. Ich sah, / auch die Vollkommenheit hat Grenzen,*
    doch dein Gebot hat unbegrenzte Geltung.
9. Ich habe dein Gesetz unendlich lieb!*
Den ganzen Tag beschäftigt es mein Denken.
    10. Herr, / dein Gebot wird immer bei mir sein;*
    es macht mich wissender als meine Feinde.
11. Ich habe mehr gelernt als meine Lehrer,*
denn all mein Forschen fragt nach deiner Weisung.
    12. Ich habe mehr Erkenntnis als die Alten,*
    weil ich mich stets nach deinen Regeln richte.
13. Ich halte mich von jedem Unrecht fern,*
um das zu tun, was du befohlen hast.
    14. Ich weiche nicht von deiner Weisung ab;*
    du selber warst mein Lehrer, / niemand anders.
15. Welch eine Köstlichkeit sind deine Worte!*
Sie sind noch süßer als der beste Honig!
Kehrvers

Dein Wort ist eine Leuchte für mein Leben
(Psalm 119,105.111-114.116.117.124.125.129-135.140-142)

V/A: *Deine Weisungen sind Wunderwerke für mein Leben.*
1. Dein Wort ist eine Leuchte für mein Leben,*
es gibt mir Licht für jeden nächsten Schritt.
   2. Herr, / deine Weisungen sind mein Besitz *
   und meine Herzensfreude, / jetzt und immer!
3. Ich will entschlossen deinen Regeln folgen;*
das soll mein Lohn für alle Zeiten sein!
   4. Ich hasse Menschen mit geteilten Herzen;*
   doch dein Gesetz hat meine ganze Liebe.
5. Mein Schutz und meine Zuflucht, Herr, / bist du!
Deshalb verlaß ich mich auf dein Versprechen.
   6. Herr, / sei mein Halt, damit ich leben kann,*
   ich nehme dich beim Wort, / enttäusch mich nicht!
7. Sei meine Stütze, Herr, / komm mir zu Hilfe!*
Ich werde stets auf deine Regeln achten.
   8. Laß deine Güte an mir sichtbar werden *
   und hilf mir, deinen Willen zu erkennen!
9. Ich bin dein Diener, Herr, / gib mir Verstand,*
damit ich deine Weisungen erkenne!
   10. Herr, / deine Weisungen sind Wunderwerke,*
   und darum halte ich an ihnen fest.
11. Erklärung deines Wortes bringt Erleuchtung,*
auch Unerfahrene bekommen Einsicht.
   12. Mein Mund ist weit geöffnet vor Verlangen,*
   so lechze ich nach deinen Weisungsworten.
13. Herr, / wende dich mir zu und hab Erbarmen,*
so wie es denen zusteht, die dich lieben.
   14. Durch dein Gesetz mach meine Schritte sicher,*
   damit kein Unrecht mich beherrschen kann!
15. Befreie mich von meinen Unterdrückern,*
dann kann ich deine Vorschriften befolgen.
   16. Ich bitte dich, Herr, / blick mich freundlich an *
   und hilf mir, deinen Willen zu erkennen.
17. Auf alle deine Worte ist Verlaß;*
Herr, / darum hänge ich so sehr an ihnen!
   18. Ich bin bedeutungslos und unbeachtet,*
   doch deine Regeln hab ich nicht vergessen.
19. Dein Recht wird immer meine Rettung bleiben,*
und dein Gesetz ist wahr und zuverlässig.
Kehrvers

Leben mit Gott

Du bist mein Gott, dich suche ich

(Psalm 63,2-9)

V/A: *Du bist mein Gott, dich suche ich!*
1. Ich sehne mich nach dir mit Leib und Seele;*
ich dürste nach dir wie ausgedörrtes, wasserloses Land.

    2. Im Heiligtum schaue ich nach dir aus,*
    um deine Macht und Herrlichkeit zu sehen.
3. Deine Liebe bedeutet mir mehr als das Leben,*
darum will ich dich preisen.

    4. Mein Leben lang will ich dir danken *
    und dir meine Hände im Gebet entgegenstrecken.
5. Du machst mich satt und glücklich wie bei einem Festmahl;*
mit jubelnden Lippen preise ich dich.

    6. In nächtlichen Stunden, / auf meinem Bett, / gehen
    meine Gedanken zu dir,*
    und betend sinne ich über dich nach.
7. Ja, / du hast mir geholfen,*
im Schutz deiner Flügel konnte ich vor Freude singen.

    8. Ich halte mich ganz eng an dich,*
    und du stützt mich mit deiner mächtigen Hand.
Kehrvers

Früh am Morgen hörst du mein Rufen
(Psalm 5,2-9.12f)

V/A: *Herr, laß mich deinen Plan erkennen!*
1. Herr, / höre doch, was ich sage;*
achte auf mein Seufzen und Stöhnen!
    2. Verschließ die Ohren nicht, / wenn ich um Hilfe
    schreie,*
    du mein König und mein Gott!
3. An dich wende ich mich mit meiner Bitte.*
Früh am Morgen hörst du mein Rufen.
    4. In der Frühe trage ich dir meine Sache vor *
    und warte auf deine Entscheidung.
5. Dir, Gott, gefällt kein Unrecht,*
nichts Böses darf in deine Nähe kommen.
    6. Überhebliche willst du nicht sehen,*
    und Verbrecher trifft dein Haß.
7. Die Lügner vernichtest du,*
du verabscheust die Mörder und Betrüger.
    8. Doch mir erweist du große Güte: / Ich darf zu deinem
    Tempel kommen,*
    vor deinem Heiligtum mich niederwerfen / und voller
    Ehrfurcht zu dir beten.
9. Herr, / laß meine Feinde sehen, / wie du mir hilfst!*
Du hast einen Plan für mein Leben; / laß mich ihn erkennen!
    10. Freuen sollen sich alle,*
    die sich auf dich verlassen.
11. Ihr Jubel soll kein Ende haben,*
denn du bist ihr Beschützer.
    12. Alle die dich lieben,*
    sollen vor Freude singen!
13. Reich beschenkst du jeden, / der dir, Herr, / die Treue
hält;*
schützend umgibt ihn deine Liebe.
Kehrvers

Ein Tag sagt es dem anderen
(Psalm 19)

V/A: *Deine Schöpfermacht bezeugen die Gestirne.*
1. Der Himmel verkündet: / Gott ist groß!*
Seine Schöpfermacht bezeugen die Gestirne.
    2. Ein Tag sagt es dem anderen,*
    jede Nacht ruft es der nächsten zu.
3. Kein Wort wird gesprochen, / kein Laut ist zu hören,*
und doch geht ihr Ruf weit über die Erde / bis hin zu ihren
äußersten Grenzen.
    4. Am Himmel hat Gott der Sonne ein Zelt gebaut.*
    Sie kommt daraus hervor, / wie ein Sieger betritt sie ihre
    Bahn.
5. Sie geht auf am einen Ende des Himmels / und läuft hin-
über bis zum anderen Ende.*
Nichts bleibt ihrem feurigen Auge verborgen.
    6. Das Gesetz des Herrn ist vollkommen,*
    es gibt Kraft und Leben.
7. Die Mahnungen des Herrn sind gut,*
sie bringen Unerfahrene zur Einsicht.
    8. Die Weisungen des Herrn sind zuverlässig,*
    sie erfreuen das Herz.
9. Seine Anordnungen sind deutlich,*
sie geben einen klaren Blick.
    10. Sein Wort ist ohne Trug,*
    es hat für immer Bestand.
11. Die Gebote des Herrn sind richtig *
und ohne Ausnahme gerecht.
    12. Sie sind kostbarer als das feinste Gold,*
    süßer als der beste Honig.
13. Auch ich höre auf deine Gebote, Herr,*
denn wer sie befolgt, / wird reich belohnt.
    14. Doch wer weiß, / wie oft er Schuld auf sich lädt?*
    Strafe mich nicht, / wenn ich es unwissend tat!
15. Bewahre mich vor gewissenlosen Menschen,*
damit sie mich nicht verführen.
    16. Dann werde ich rein bleiben und frei von schwerer
    Schuld.*
    Nimm meine Worte freundlich auf!
17. Laß mein Gebet zu dir dringen,*
Herr, / mein Halt und mein Retter!
Kehrvers

Besinne dich auf Gottes große Macht
(Ijob 36,22-33;37,5-7)

V/A: *Vergiß nicht, ihn zu preisen für sein Tun!*
1. Besinne dich auf Gottes große Macht!*
Er ist der beste Lehrer, den wir kennen.
    2. Wer könnte ihm befehlen, was er tun soll?*
    Wer könnte zu ihm sagen: / »Das war Unrecht«?
3. Vergiß nicht, ihn zu preisen für sein Tun,*
von dem die Menschen viele Lieder singen.
    4. Die ganze Welt betrachtet es mit Staunen,*
    auch wenn man's nur von weitem sehen kann.
5. Gott ist so groß, / daß wir ihn nicht begreifen,*
und seiner Jahre Zahl ist unergründbar.
    6. Er zieht die Wassertropfen hoch zum Himmel *
    und sammelt sie als Regen für die Erde.
7. Die Wolken lassen ihn herunterrieseln *
und gießen ihn auf all die vielen Menschen.
    8. Wer kann verstehen, / wie die Wolken schweben,*
    warum am Himmelszelt der Donner rollt?
9. Die Wolken leuchten auf von seinen Blitzen,*
jedoch die Meerestiefen bleiben dunkel.
    10. Auf diese Weise sorgt er für die Völker *
    und gibt den Menschen überreichlich Speise.
11. Er packt den Blitzstrahl fest mit beiden Händen,*
und dann befiehlt er ihm, / sein Ziel zu treffen.
    12. Der Donner kündet das Gewitter an,*
    und auch die Herden fühlen, daß es kommt.
13. Wenn diese Stimme spricht, / geschehen Wunder,*
so groß und herrlich, / daß wir's nicht verstehen.
    14. Dem Schnee befiehlt er: »Fall zur Erde nieder!«*
    Den Regenwolken sagt er: / »Laßt es schütten!«
15. So zwingt er uns, / die Hände stillzuhalten *
und uns auf seine Arbeit zu besinnen.
Kehrvers

Der Herr sorgt für die, die auf ihn hören
(Psalm 1)

V/A: *Der Herr sorgt für die, die auf ihn hören.*
1. Wie glücklich ist, / wer sich nicht verführen läßt *
von denen, / die Gottes Gebot mißachten.
   2. Wer sich nicht nach dem Vorbild gewissenloser Menschen richtet *
und nicht zusammensitzt mit Leuten, / denen nichts heilig ist.
3. Wie glücklich ist, / wer Freude findet an den Weisungen des Herrn,*
wer Tag und Nacht in seinem Gesetz liest / und darüber nachdenkt.
   4. Er gleicht einem Baum, / der am Wasser steht;*
Jahr für Jahr trägt er Frucht, / sein Laub bleibt grün und frisch.
5. Ein solcher Mensch hat Erfolg *
bei allem, / was er unternimmt.
   6. Ganz anders geht es denen, / die nicht nach Gott fragen:*
Sie sind wie Spreu, / die der Wind davonbläst.
7. Vor Gottes Gericht können sie nicht bestehen,*
und in der Gemeinde des Herrn ist für sie kein Platz.
   8. Der Herr sorgt für die, / die auf ihn hören;*
aber von den Ungehorsamen bleibt keine Spur.
Kehrvers

Den Gehorsamen wird das Land gehören
(Psalm 37,23-32.34.39.40)

V/A: *Hoffe auf den Herrn und befolge seine Gebote!*
1. Der Herr hat Freude an einem redlichen Menschen;*
er lenkt alle seine Schritte.
   2. Er mag fallen, aber er stürzt nicht zu Boden;*
   denn der Herr hält ihn fest an der Hand.
3. Ich habe ein langes Leben hinter mir; / nie sah ich einen, /
der Gott die Treue hielt, / von ihm verlassen *
und nie seine Kinder auf der Suche nach Brot.
   4. Alle Tage kann er freigebig leihen,*
   und seine Kinder geraten gut.
5. Kehr dich vom Bösen ab und tu das Gute;*
dann ist dir dein Wohnplatz für immer sicher.
   6. Denn der Herr liebt das Recht und verläßt keinen, /
   der ihm treu bleibt;*
   für alle Zeiten beschützt er ihn.
7. Aber die Nachkommen der Feinde Gottes kommen um. /
Den Gehorsamen wird das Land gehören,*
sie dürfen für immer darin wohnen.
   8. Wer Gott gehorcht, / redet klug und besonnen,*
   er sagt, / was dem Willen des Herrn entspricht.
9. Das Gesetz seines Gottes trägt er im Herzen;*
darum weicht er nicht ab vom richtigen Weg.
   10. Hoffe auf den Herrn und befolge seine Gebote,*
   dann ehrt er dich / und schenkt dir das Land.
11. Du wirst sehen, / wie er seine Feinde vernichtet.*
Der Herr hilft denen, / die zu ihm halten.
   12. Wenn Gefahr droht, / finden sie bei ihm Zuflucht.*
   Er rettet sie und steht ihnen bei.
13. Vor den Bösen wird er sie retten / und ihnen helfen,*
denn bei ihm suchen sie Schutz.
Kehrvers

Mit dir, meinem Gott, überspringe ich Mauern
(Psalm 18,21-32.47)

V/A: *Mit dir, meinem Gott, überspringe ich Mauern!*
1. Der Himmel hat meinen Gehorsam belohnt;*
er weiß, / meine Hände sind rein.
   2. Stets ging ich die Wege, die er mir zeigte;*
   nie hab ich mich durch Schuld von ihm entfernt.
3. Seine Anordnungen standen mir immer vor Augen,*
und seine Befehle wies ich nie zurück.
   4. Ich tat genau, was er von mir verlangte,*
   und ging dem Unrecht immer aus dem Weg.
5. Der Herr hat meinen Gehorsam belohnt;*
meine Hände sind rein, / er weiß es.
   6. Wenn einer dich liebt, Herr, / dann erweist du ihm
   Liebe;*
   für vollen Gehorsam gibst du volle Güte;
7. den Reinen zeigst du dich in reiner Klarheit;*
doch den Falschen begegnest du als Gegner.
   8. Die Erniedrigten befreist du,*
   aber die Hochmütigen holst du vom hohen Roß.
9. Du läßt mein Lebenslicht strahlen, Herr.*
Du selbst, mein Gott, / machst mir das Dunkel hell.
   10. Mit dir schlage ich feindliche Horden zurück,*
   mit dir, meinem Gott, / überspringe ich Mauern.
11. Alles, was dieser Gott tut, / ist vollkommen,*
und was der Herr sagt, / ist unzweifelhaft wahr.
   12. Wer in Gefahr ist und zu ihm flieht,*
   findet bei ihm immer sicheren Schutz.
13. Kein anderer als der Herr ist Gott!*
Nur er, unser Gott, / ist ein schützender Fels!
   14. Der Herr lebt! / Ihn will ich preisen,*
   Gott, meinen Retter, will ich rühmen!
Kehrvers

Werde ruhig vor dem Herrn
(Psalm 37,3-11.16-19)

V/A: *Laß den Herrn die Quelle deiner Freude sein!*
1. Reg dich nicht auf über Menschen,*
die Gottes Gebote mißachten!
   2. Und wenn es den Unheilstiftern gut geht,*
   beneide sie nicht!
3. Denn wie das Gras verdorren sie bald,*
sie welken und gehen ein wie grünes Kraut.
   4. Vertrau dem Herrn / und tu, was recht ist;*
   dann bleibst du im Land und wohnst in Sicherheit.
5. Laß den Herrn die Quelle deiner Freude sein:*
er wird dir jeden Wunsch erfüllen.
   6. Leg dein Schicksal in Gottes Hand;*
   verlaß dich auf ihn, / er macht es richtig!
7. Deine Treue zu ihm macht er sichtbar wie ein Licht,*
und dein Recht läßt er strahlen wie die Mittagssonne.
   8. Werde ruhig vor dem Herrn,*
   erwarte gelassen sein Tun!
9. Wenn einem seine bösen Pläne stets gelingen,*
reg dich nicht auf!
   10. Laß dich von Wut und Zorn nicht überwinden, /
   ereifere dich nicht, wenn andere Böses tun;*
   sonst tust du am Ende selber Unrecht!
11. Wer sich Gott widersetzt, / den rottet er aus;*
doch wer auf ihn hofft, / dem schenkt er das Land.
   12. Nicht lange mehr, dann sind die Bösen fort,*
   du wirst von ihnen keine Spur mehr finden.
13. Den Armen aber wird das Land gehören,*
und nichts wird fehlen an ihrem Glück.
   14. Arm sein, / aber mit Gott leben, / ist besser *
   als aller Reichtum der vielen, / die gegen Gott leben;
15. denn der Herr zerbricht die Macht seiner Gegner,*
doch wer zu ihm hält, / den macht er stark.
   16. Der Herr sorgt täglich für die, / die sich in allem nach
   ihm richten.*
   Was er ihnen geben will, / bleibt für immer ihr Besitz.
17. In Unglückstagen enttäuscht er sie nicht,*
in Zeiten der Hungersnot macht er sie satt.
Kehrvers

Wer den Herrn achtet und ehrt
(Psalm 112)

V/A: *Halleluja – Preist den Herrn!*
1. Wie glücklich ist, wer den Herrn achtet und ehrt,*
wer große Freude hat an Gottes Geboten!
   2. Seine Nachkommen werden mächtig im Land;*
   denn wer dem Herrn gehorcht, dessen Kinder werden
   von ihm gesegnet.
3. Wohlstand und Reichtum sind in seinem Haus,*
seine Treue zum Herrn bleibt für immer fest.
   4. Sogar in dunklen Stunden strahlt ein Licht / für jeden,
   der dem Herrn gehorcht *
   und der voll Güte und Erbarmen ist, / weil er dem Herrn
   die Treue hält.
5. Gut steht es um den Menschen, / der dem Armen
schenkt und leiht *
und der bei allem, was er unternimmt, / das von Gott ge-
setzte Recht beachtet.
   6. Niemals wird er ins Wanken geraten,*
   nie wird man seine Treue vergessen.
7. Schlimme Nachricht macht ihm keine Angst,*
mit ruhigem Herzen vertraut er dem Herrn.
   8. Fest und mutig bleibt er, / ohne Furcht,*
   denn er wird seine Feinde unterliegen sehen.
9. Großzügig gibt er den Bedürftigen;*
seine Treue zum Herrn bleibt für immer fest.
   10. Darum wird er mit Macht und Ehre beschenkt.*
   Wer Gott mißachtet, / sieht es voller Ärger.
Kehrvers

Er stiftet Frieden unter den Völkern
(Sacharja 9,9f)

V/A: *Freu dich, du Zionsstadt!*
1. Jubelt laut, ihr Bewohner Jerusalems! / Euer König
kommt!*
Er bringt das Recht und die Rettung.
   2. Und doch ist er nicht hochmütig;*
   er reitet auf einem Esel, / ein einfacher Esel ist sein Reit-
   tier.
3. Er schafft die Pferde und Streitwagen ab *
in Jerusalem und ganz Israel.
   4. Auch die Kriegsbogen werden zerbrochen.*
   Er stiftet Frieden unter den Völkern.
5. Über Länder und Meere erstreckt sich seine Herrschaft,*
soweit die Erde reicht.
Kehrvers

Du hältst den Frieden in deiner Hand
(Psalm 48,2-4.10-12)

V/A: *Der Herr ist mächtig!*
1. Rühmt ihn in seiner Stadt,*
preist ihn auf seinem heiligen Berg!
   2. Prächtig erhebt sich der Zion,*
   eine Freude für die ganze Welt!
3. Er ist der wahre Gottesberg;*
dort steht die Stadt des großen Königs.
   4. Der Herr erweist sich als ihr Schutz,*
   mehr als ihre Mauern und Türme.
5. Im Innern deines Tempels, Gott,*
feiern wir aufs neue deine Güte.
   6. In der ganzen Welt wirst du gepriesen,*
   bis in die fernsten Winkel reicht dein Ruhm.
7. Du hältst den Frieden in deiner Hand;*
deswegen herrscht Freude auf dem Zion!
   8. Du hast für unser Recht gesorgt;*
   darum jubeln alle Städte in Juda!
Kehrvers

Der Herr der Welt ist bei uns
(Psalm 46)

V/A: *Kommt und seht, wie mächtig der Herr ist!*
1. Gott ist unsere sichere Zuflucht,*
ein bewährter Helfer in aller Not.
   2. Darum haben wir keine Angst,*
   auch wenn die Erde bebt / und die Berge ins Meer versinken,
3. wenn die Fluten toben und tosen *
und die Berge davon erzittern:
   4. Der Herr der Welt ist bei uns,*
   der Gott Jakobs ist unser Schutz!
5. Frisches Wasser strömt durch die Gottesstadt,*
in der die heilige Wohnung des Höchsten ist.
   6. Gott selbst ist in ihren Mauern, / nichts kann sie erschüttern.*
   Er bringt ihr Hilfe, bevor der Morgen graut.
7. Er läßt seine Stimme hören – und die Völker zittern,*
Königsthrone wanken, / die ganze Erde vergeht vor Angst.
   8. Der Herr der Welt ist bei uns,*
   der Gott Jakobs ist unser Schutz!
9. Kommt und seht, wie mächtig der Herr ist,*
wie er Furcht und Schrecken auf der Erde verbreitet:
   10. In aller Welt macht er dem Krieg ein Ende;*
   die Bogen zerbricht er, / die Spieße zerschlägt er, / die
   Schilde verbrennt er.
11. »Macht Frieden!« ruft er. / »Erkennt, daß ich Gott bin!*
Ich habe Macht über die Völker der Erde.«
   12. Der Herr der Welt ist bei uns,*
   der Gott Jakobs ist unser Schutz!
Kehrvers

In Anfechtung und Not

In meiner Not rief ich zu dir
(Jona 2,3-10)

V/A: *Halleluja, du bist mein Retter!*
1. »In meiner Not rief ich zu dir, Herr,*
und du hast mir geantwortet.
   2. Als schon der Tod nach mir griff,*
   hast du meinen Hilfeschrei vernommen.
3. Du hattest mich mitten ins Meer geworfen, / die Fluten umgaben mich;*
alle deine Wellen und Wogen schlugen über mir zusammen.
   4. Ich dachte schon, du hättest mich aus deiner Nähe verstoßen,*
   deinen heiligen Tempel würde ich nie mehr sehen.
5. Das Wasser ging mir bis an die Kehle. / Ich versank im abgrundtiefen Meer,*
Schlingpflanzen wanden sich mir um den Kopf.
   6. Ich sank hinunter bis zu den Fundamenten der Berge,*
   und hinter mir schlossen sich die Riegel der Totenwelt.
7. Aber du, Herr, mein Gott, / hast mich lebendig aus der Grube gezogen.*
Als mir die Sinne schwanden, dachte ich an dich, / und mein Gebet drang zu dir in deinen heiligen Tempel.
   8. Wer sich auf nichtige Götzen verläßt,*
   bricht dir die Treue.
9. Ich aber will dir danken / und dir die Opfer darbringen, die ich dir versprochen habe;*
denn du, Herr, bist mein Retter. «
Kehrvers

Hilf mir, o Gott
(Psalm 69,2-4.6.7.14-19.30-35)

V/A: *Hilf mir, Gott! Die Flut geht mir bis an die Kehle!*
1. Ich versinke im brodelnden Schlamm,*
meine Füße finden keinen Halt.
    2. Ich treibe ab in tiefes Wasser,*
    die Strömung reißt mich mit sich fort!
3. Bis zur Erschöpfung habe ich geschrien,*
meine Kehle ist ganz entzündet.
    4. Meine Augen sind müde geworden *
    beim Ausschauen nach dir, meinem Gott!
5. Gott, / du weißt, wie unverständig ich war;*
meine Schuld ist dir nicht verborgen geblieben.
    6. Herr, Gott Israels, / du Herr der ganzen Welt,*
    enttäusche nicht die, / die mit dir rechnen!
7. Gott, / du bist so reich an Güte,*
darum gib mir Antwort!
    8. Du bist doch der Retter, auf den Verlaß ist.*
    Laß mich nicht im Schlamm versinken, / zieh mich her-
    aus!
9. Rette mich vor denen, die mich hassen!*
Zieh mich heraus aus dem tiefen Wasser!
    10. Gib mir Antwort, Herr, / denn deine Güte tut mir
    wohl;*
    wende dich mir zu in deinem tiefen Erbarmen!
11. Verbirg dich nicht länger vor mir, / du mein Herr!*
Ich bin voller Angst, / erhöre mich bald!
    12. Komm zu mir und befreie mich;*
    rette mich, / damit meine Feinde schweigen müssen!
13. Ich selbst bin arm und von Schmerzen geplagt,*
durch deine Hilfe, o Gott, bring mich in Sicherheit!
    14. Dann kann ich dich preisen mit meinem Lied *
    und deine Größe verkünden durch meinen Dank.
15. Das ist dir lieber als ein geopfertes Rind / oder ein ausge-
wachsener, starker Stier.*
Die Unterdrückten werden es sehen und sich freuen.
    16. Ihr alle, die ihr nach Gott fragt:*
    neuer Mut soll eure Herzen erfüllen!
17. Denn der Herr hört das Rufen der Hilflosen,*
er läßt die Seinen nicht im Stich, wenn sie gefangen sind.
    18. Himmel und Erde sollen ihn preisen,*
    die Meere und alles, was darin lebt!
Kehrvers

Ich schreie zum Herrn
(Psalm 142)

V/A: *Höre mein Schreien, Herr!*
1. Ich schreie zum Herrn, so laut ich kann,*
ich bitte den Herrn um Hilfe.
   2. Ihm klage ich meine Not,*
   ihm sage ich, was mich quält.
3. Auch wenn ich selber allen Mut verliere,*
du, Herr, weißt, wie's mit mir weitergeht!
   4. Auf dem Weg, den ich gehen muß, / hat man mir
   Schlingen gelegt.*
   Ich schaue mich um: / da ist keiner, der mich beachtet.
5. Ich habe keine Zuflucht mehr,*
keinen Menschen, der sich um mich kümmert.
   6. Zu dir, Herr, schreie ich! / Ich sage: Du bist meine Zuflucht,*
   du gibst mir alles, was ich im Leben brauche!
7. Höre mein Schreien, / ich bin völlig am Ende!*
Befreie mich aus dem Gefängnis!
   8. Im Kreise derer, die dir die Treue halten, / werde ich dir
   dafür danken, Herr,*
   daß du so gut zu mir gewesen bist.
Kehrvers

Aus tiefer Verzweiflung (Psalm 130)

V/A: *Aus tiefer Verzweiflung schreie ich zu dir.*
1. Herr, höre mich doch!*
Sei nicht taub für meinen Hilferuf!
   2. Wenn du Vergehen anrechnen wolltest,*
   Herr, wer könnte dann vor dir bestehen?
3. Aber du kannst Schuld auch vergeben,*
damit man dich ehrt und dir gehorcht.
   4. Ich setze meine ganze Hoffnung auf den Herrn *
   und warte auf sein helfendes Wort.
5. Ich sehne mich nach dem Herrn / mehr als ein Wächter
nach dem Morgengrauen,*
mehr als ein Wächter sich nach dem Morgen sehnt.
   6. Ihr Israeliten, hofft auf den Herrn.*
   Denn er ist gut zu uns, / er kann uns befreien.
7. Ja, er wird uns frei machen *
von aller Schuld!
Kehrvers

Ich habe allen Mut verloren
(Psalm 143,1.4-12)

V/A: *Herr, erhöre mich bald!*
1. Herr, höre mein Gebet,*
achte auf meine Bitte!
    2. Auf dich ist Verlaß, / du hältst, was du versprichst;*
    darum warte ich auf deine Antwort.
3. Ich habe allen Mut verloren,*
mit meiner Kraft bin ich am Ende.
    4. Ich erinnere mich an früher, / an alles, was du damals
    vollbracht hast;*
    ich denke über deine Taten nach.
5. Betend strecke ich dir die Hände entgegen / und warte
sehnsüchtig auf deine Hilfe,*
wie ein ausgedörrtes Land auf Regen wartet.
    6. Herr, erhöre mich bald,*
    ich kann nicht mehr!
7. Verbirg dich bitte nicht vor mir,*
sonst ist es um mein Leben geschehen!
    8. Frühmorgens sage mir deine Güte zu,*
    denn ich setze mein Vertrauen auf dich.
9. Zeig mir den Weg, den ich gehen soll;*
auf dich richte ich mein Herz und meinen Sinn.
    10. Herr, rette mich vor meinen Feinden;*
    bei dir bin ich in Sicherheit.
11. Hilf mir, nach deinem Willen zu leben;*
denn du bist mein Gott!
    12. Gib mir deinen guten Geist *
    und führe mich auf sicherem Grund!
13. Herr, mach deinem Namen Ehre *
und erhalte mich am Leben!
    14. Mach dein Versprechen wahr *
    und befrei mich aus der Not!
15. Ich rechne mit deiner Güte;*
vernichte meine Feinde.
    16. Vertilge alle, die mir ans Leben wollen;*
    denn ich gehöre dir!
Kehrvers

Unaufhörlich werde ich bedrängt
(Psalm 56,2-14)

V/A: *Ich setze mein Vertrauen auf dich!*
1. Gott, hab Erbarmen mit mir, / denn man stellt mir nach,*
unaufhörlich werde ich bedrängt und angefeindet!
   2. Meine Feinde dringen ständig auf mich ein;*
   viele kämpfen gegen mich, du Höchster.
3. Doch wenn ich Angst bekomme,*
setze ich mein Vertrauen auf dich.
   4. Ich preise Gott für sein helfendes Wort. / Ich vertraue
   ihm und habe keine Angst:*
   Was könnte ein Mensch mir schon tun?
5. Ständig verdrehen sie meine Worte:*
alles, was sie planen, soll mir schaden.
   6. Sie liegen überall auf der Lauer, / sie bespitzeln mich
   auf Schritt und Tritt,*
   sie haben es auf mein Leben abgesehen.
7. Sollen sie frei ausgehen bei so viel Unrecht?*
Gott, / schlage sie in deinem Zorn zu Boden!
   8. Du weißt, wie oft ich umherirren mußte. / Sammle
   meine Tränen in deinen Krug;*
   ich bin sicher, du zählst sie alle!
9. An dem Tag, an dem ich dich zu Hilfe rufe, / müssen
meine Feinde den Rückzug antreten.*
Ich weiß es: / Du, Gott, stehst mir bei!
   10. Ich preise Gott für sein helfendes Wort.*
   Ja, ich preise den Herrn für dieses Wort.
11. Ich vertraue ihm und habe keine Angst:*
Was könnten mir Menschen schon tun?
   12. Gott, / ich will dir meine Dankesschuld bezahlen,*
   so wie ich es versprochen habe.
13. Denn du hast mich vom drohenden Tod gerettet,*
meine Füße vom Abgrund zurückgehalten.
   14. Ich darf in deiner Nähe weiterleben,*
   weil du mich das Licht noch sehen läßt.
Kehrvers

Mein Gott, warum hast du mich verlassen?
(Psalm 22,2-8.20-26.31.32)

V/A: *Mein Gott, mein Gott, warum hast du mich verlassen?*
1. Warum hörst du nicht, wie ich schreie,*
warum bist du so fern?
   2. Mein Gott, / Tag und Nacht rufe ich um Hilfe,*
   doch du antwortest nicht / und schenkst mir keine Ruhe.
3. Du bist doch der heilige Gott,*
dem Israel Danklieder singt!
   4. Auf dich verließen sich unsere Väter,*
   sie vertrauten dir, / und du hast sie gerettet.
5. Sie schrien zu dir und wurden befreit;*
sie hofften auf dich und wurden nicht enttäuscht.
   6. Doch ich bin kaum noch ein Mensch,*
   ich bin ein Wurm, / von allen verhöhnt und verachtet.
7. Wer mich sieht, / macht sich über mich lustig,*
verzieht den Mund und schüttelt den Kopf.
   8. Bleib nicht fern von mir, Herr!*
   Du bist mein Retter, / komm und hilf mir!
9. Rette mich vor dem Schwert meiner Feinde,*
rette mein Leben vor der Hundemeute!
   10. Reiß mich aus dem Rachen des Löwen,*
   rette mich vor den Hörnern der wilden Stiere!
11. Herr, du hast mich erhört! / Ich will meinen Brüdern von dir erzählen,*
in der Gemeinde will ich dich preisen.
   12. »Die ihr zum Herrn gehört: / Preist ihn!*
   Alle Nachkommen Jakobs: / Ehrt ihn!
13. Ganz Israel soll ihn anbeten! / Kein Elender ist dem Herrn zu gering;*
mein Geschrei war ihm nicht lästig.
   14. Er wandte sich nicht von mir ab,*
   sondern hörte auf meinen Hilferuf.«
15. Darum danke ich dir, Herr, / vor der ganzen Gemeinde.*
In Gegenwart aller, die dich ehren, / bringe ich die Opfer dar, die ich dir versprochen habe.
   16. Auch die künftigen Generationen sollen dir dienen.*
   Man wird den Kindern vom Herrn erzählen,
17. noch in der fernsten Zukunft wird man den Nachkommen sagen,*
was der Herr getan hat, wie treu er ist.
Kehrvers

Warum hast du mich verstoßen?
(Psalm 43)

V/A: *Du bist doch immer mein Schutz gewesen.*
1. Steh mir bei, Gott, / verschaffe mir Recht;*
verteidige mich gegen treulose Menschen, / die mich mit
Lüge und Arglist verfolgen!
   2. Du, Gott, bist doch immer mein Schutz gewesen!*
   Warum hast du mich jetzt verstoßen?
3. Warum muß ich ständig leiden,*
warum dürfen die Feinde mich quälen?
   4. Laß mich dein Licht und deine Treue sehen!*
   Sie sollen mich führen, / mich hinbringen zu dem Ort,
   wo du wohnst.
5. Dort will ich an deinen Altar treten,*
vor dich, den Grund meiner Freude.
   6. Zum Klang der Harfe will ich dich preisen,*
   dich, meinen Gott!
7. Warum bin ich so verstört? / Muß ich denn verzweifeln?*
Auf Gott will ich hoffen!
   8. Ich weiß, ich werde ihn noch einmal preisen,*
   ihn, meinen Gott, der mir hilft.
Kehrvers

Herr, laß es genug sein! (Psalm 6,2-9)

V/A: *Hab Erbarmen, Herr, laß es genug sein!*
1. Herr, / du bist zornig auf mich und strafst mich.*
Laß es genug sein; / hör auf, mich zu schlagen!
   2. Hab Erbarmen, Herr, / mir ist so elend!*
   Heile mich, Herr, / meine Kraft ist zu Ende!
3. Ich weiß keinen Ausweg mehr.*
Wie lang noch, Herr?
   4. Laß ab von deinem Zorn! Rette mich!*
   Hilf mir, wie du es deinem Volk versprochen hast!
5. Wenn ich tot bin, kann ich dich nicht mehr preisen.*
Dort unten bei den Toten dankt dir niemand.
   6. Ich bin müde vom Stöhnen.*
   Ich weine die ganze Nacht.
7. Mein Bett ist durchnäßt von Tränen,*
meine Augen sind schon ganz geschwollen.
   8. Der Herr hat mein Weinen gehört. / Er achtet auf mein
   Schreien.*   Mein Gebet nimmt er an.
Kehrvers

Gib mir doch Antwort
(Psalm 13)

V/A: *Ich verlasse mich auf deine Liebe!*
1. Herr! / Hast du mich für immer vergessen?*
Wie lange willst du dich denn noch verbergen?
   2. Wie lange sollen mich die Sorgen quälen, / der Kummer Tag für Tag an meinem Herzen nagen?*
   Wie lange dürfen mich die Feinde noch bedrängen?
3. Sieh mich doch wieder an, Herr!*
Gib mir doch Antwort, / du mein Gott!
   4. Mach es wieder hell vor meinen Augen,*
   damit ich nicht in Todesnacht versinke!
5. Sonst sagen meine Feinde: / »Den haben wir erledigt!«*
und jubeln über meinen Sturz.
   6. Doch ich verlasse mich auf deine Liebe,*
   ich juble über deine Hilfe.
7. Mit meinem Lied will ich dir danken, Herr,*
weil du so gut zu mir gewesen bist.
Kehrvers

Rette uns, du liebst uns doch!
(Psalm 108,2-7.13.14)

V/A: *Deine Güte ist größer als der Himmel.*
1. Mein Herz ist ruhig geworden, Gott, / ich fühle mich wieder sicher;*
mit einem Lied will ich dich preisen. / Ja, das will ich!
   2. Harfe und Laute, wacht auf,*
   denn heute will ich die Sonne wecken!
3. Dir, Herr, bringe ich meinen Dank,*
von dir will ich singen vor allen Völkern;
   4. denn deine Güte ist größer als der Himmel, *
   und deine Treue reicht so weit wie die Wolken!
5. Gott, / überstrahle den Himmel mit deiner Herrlichkeit *
und erfülle die Erde mit deiner Macht!
   6. Greif ein mit deiner starken Hand, / gib Antwort auf mein Rufen,*
   rette uns – du liebst uns doch!
7. Komm du uns in unserer Not zu Hilfe;*
auf Hilfe von Menschen ist kein Verlaß!
   8. Mit Gott auf unserer Seite vollbringen wir Großes;*
   denn er wird unsere Feinde zertreten.
Kehrvers

Befreie mich, wie du es versprochen hast
(Psalm 71,1-6.14-16)

V/A: *Ich gebe die Hoffnung niemals auf.*
1. Herr, / bei dir suche ich Zuflucht;*
enttäusche nicht mein Vertrauen!
    2. Rette mich, befreie mich,*
    wie du es versprochen hast!
3. Höre mich doch,*
hilf mir!
    4. Sei mir ein sicheres Zuhause,*
    wohin ich jederzeit kommen kann!
5. Du hast doch zugesagt, mir zu helfen;*
du bist mein Fels und meine Burg!
    6. Meine Feinde mißachten dich, mein Gott, / sie bre-
    chen das Recht und mißhandeln mich.*
    Rette mich aus ihren Fäusten!
7. Du bist meine Hoffnung, Herr,*
dir habe ich von Jugend auf vertraut.
    8. Seit meiner Geburt bist du mein Halt, / du hast mir aus
    dem Mutterschoß herausgeholfen,*
    darum gehört dir allezeit mein Dank!
9. Ich gebe die Hoffnung niemals auf;*
ich weiß, / auch in Zukunft werde ich dich preisen.
    10. Ich werde allen sagen, wie du Wort hältst; / den gan-
    zen Tag will ich erzählen, wie du hilfst – *
    deine Wohltaten sind nicht zu zählen.
11. Ich werde deine großen Taten preisen, / Herr, mein
Gott!*
Nur noch von dir und deiner Treue will ich reden.
Kehrvers

Auf Gott will ich hoffen

(Psalm 42,2-6.9-12)

V/A: *Ich werde ihn wieder preisen.*
1. Wie ein Hirsch nach frischem Wasser lechzt,*
so sehne ich mich nach dir, mein Gott!
   2. Ich dürste nach Gott,*
   nach dem wahren, lebendigen Gott.
3. Wann darf ich zu ihm kommen,*
wann darf ich ihn sehen?
   4. Tränen sind meine Nahrung bei Tag und Nacht, / weil
   man mich ständig fragt:*
   »Wo bleibt er denn, dein Gott?«
5. Wenn ich an früher denke, geht das Herz mir über: / Da
zog ich mit der großen Schar zum Hause Gottes,*
da konnte ich jubeln und danken in der feiernden Menge.
   6. Warum bin ich so verstört? / Muß ich denn verzweifeln?*
   Auf Gott will ich hoffen!
7. Ich weiß, / ich werde ihn noch einmal preisen,*
ihn, / meinen Gott, / der mir hilft.
   8. Am Tag wird er mir seine Güte erweisen, / und in der
   Nacht will ich ihm dankbar singen;*
   zu Gott will ich beten, der mir das Leben gibt.
9. Ich sage zu ihm, meinem Beschützer:*
Warum hast du mich vergessen?
   10. Warum muß ich ständig leiden,*
   warum dürfen die Feinde mich quälen?
11. Wie eine tödliche Wunde ist ihr Hohn für mich, / weil sie
mich täglich fragen:*
»Wo bleibt er denn, dein Gott?«
   12. Warum bin ich so verstört? / Muß ich denn verzweifeln?*
   Auf Gott will ich hoffen!
13. Ich weiß, / ich werde ihn noch einmal preisen,*
ihn, / meinen Gott, / der mir hilft.
Kehrvers

Zeige mir, daß du es gut mit mir meinst
(Psalm 86,1-13.15-17)

V/A: *Du bist ein Gott voll Liebe und Erbarmen.*
1. Herr, / ich bin arm und hilflos;*
höre mich und gib mir Antwort!
  2. Bewahre mein Leben,*
  ich gehöre doch zu dir!
3. Hilf mir, ich bin doch dein Diener;*
du mein Gott, / ich verlasse mich auf dich!
  4. Den ganzen Tag schreie ich zu dir;*
  hab Erbarmen mit mir, Herr!
5. Auf dich richte ich mein Herz und meinen Sinn;*
erfülle mich doch wieder mit Freude!
  6. Herr, du bist freundlich und bereit, Schuld zu
  vergeben;*
  voll Güte begegnest du allen, die zu dir beten.
7. Darum höre jetzt meine Bitte;*
Herr, achte auf meinen Hilferuf!
  8. In meiner Not schreie ich zu dir;*
  du wirst mir Antwort geben.
9. Herr, wer unter den Göttern ist wie du?*
Kein anderer kann deine Taten vollbringen!
  10. Du hast alle Völker geschaffen. / Sie werden kommen, sich vor dir niederwerfen *
  und dir, Herr, ihre Huldigung darbringen.
11. Denn du bist groß und tust Wunder;*
nur du bist Gott, / du ganz allein!
  12. Herr, / zeige mir den richtigen Weg,*
  damit ich in Treue zu dir mein Leben führe!
13. Laß es meine einzige Sorge sein,*
dich zu ehren und dir zu gehorchen!
  14. Herr, mein Gott, / von ganzem Herzen will ich dir
  danken *   und allezeit deinen Ruhm verkünden;
15. denn du bist überaus gut zu mir gewesen:*
Du hast mein Leben gerettet aus der untersten Totenwelt.
  16. Du bist ein Gott voll Liebe und Erbarmen, / du hast
  viel Geduld,* deine Güte und Treue sind grenzenlos.
17. Darum wende dich mir zu, / hab Erbarmen mit mir!*
Gib mir deine Kraft und deine Hilfe!
  18. Ich gehöre dir doch mit Leib und Leben!*
  Zeige mir, daß du es gut mit mir meinst!
19. Alle, die mich hassen, werden sich schämen,*
wenn sie sehen, / wie du mir hilfst und mich tröstest.
Kehrvers

Sei mir ein rettender Fels

(Psalm 31,2-10.15.17.20.22-24.25)

V/A: *Ich rechne fest mit deiner Treue!*

1. Herr, bei dir suche ich Zuflucht; / laß mich nie enttäuscht werden!*   Rette mich, wie du es versprochen hast!

    2. Hör mich doch, hilf mir schnell! / Sei mir ein rettender Fels, eine schützende Burg;*
    dann bin ich in Sicherheit.

3. Du gibst mir Halt, du bietest mir Schutz.*
Geh mit mir und führe mich, / denn du bist mein Gott!

    4. Bewahre mich vor der Falle, die man mir heimlich gestellt hat;*   du bist doch mein Beschützer!

5. Ich gebe mich ganz in deine Hand,*
du wirst mich retten, Herr, / du treuer Gott!

    6. Ich verabscheue alle, die sich an die Götzen klammern;*   ich selber, Herr, / verlasse mich nur auf dich!

7. Ich bin glücklich, daß du so gut zu mir bist.*
Du hast meine Not gesehen / und erkannt, wie verzweifelt ich war.

    8. Den Feinden hast du mich nicht ausgeliefert,*
    sondern mir Raum zum Leben verschafft.

9. Hab Erbarmen, Herr, / ich weiß nicht mehr weiter!*
Meine Augen sind müde vom Weinen, / ich bin völlig am Ende.

    10. Doch ich verlasse mich auf dich!*
    Du, Herr, / du bist und bleibst mein Gott!

11. Herr, / sieh mich freundlich an, denn ich gehöre dir.*
Hilf mir, / ich rechne fest mit deiner Treue!

    12. Wie groß ist deine Güte, Herr!*
    Du wendest sie denen zu, die dir gehorchen.

13. Vor aller Augen zeigt sich diese Güte *
an denen, die bei dir Zuflucht suchen.

    14. Dank sei dir, Herr! / Du hast mir deine Güte erwiesen;*
    ein Wunder hast du an mir getan, / als meine Feinde mich ringsum bedrängten.

15. Ich dachte schon in meiner Angst, / ich wäre aus deiner Nähe verbannt.*
Doch du hast mich gehört, / als ich um Hilfe schrie.

    16. Liebt den Herrn, / ihr, die ihr ihm gehört;*
    denn er schützt den, der ihm die Treue hält.

17. Ihr, die ihr auf den Herrn vertraut,*
seid stark, faßt Mut!
Kehrvers

An deine Regeln will ich mich halten
(Psalm 119,145-154.159.160.165-170.173-174)

V/A: *Streck deine Hand aus, Herr, um mir zu helfen!*
1. Von Herzensgrund schrei ich zu dir; / gib Antwort!*
An deine Regeln, Herr, will ich mich halten.
   2. Ich rufe dich zu Hilfe, / rette mich!*
   Ich werde deinen Weisungen gehorchen.
3. Vor Tagesanbruch schreie ich zu dir *
und warte hoffnungsvoll auf deine Worte.
   4. Sogar zur Nachtzeit liege ich noch wach *
   und denke über dein Versprechen nach.
5. In deiner Güte höre mein Gebet;*
erhalte mich durch dein gerechtes Urteil.
   6. Mit böser Absicht nahen die Verfolger;*
   doch sie entfernen sich von deiner Weisung.
7. Du aber, Herr, du bist ganz nahe bei mir;*
was du befiehlst, ist wahr und zuverlässig.
   8. Für immer hast du dein Gesetz gegeben,*
   seit langem hab ich das an ihm erkannt.
9. Sieh doch mein Elend an, befreie mich!*
Ich habe niemals dein Gesetz vergessen.
   10. Herr, / steh mir bei und sorge für mein Recht!*
   Errette mich, / wie du versprochen hast!
11. Herr, / sieh doch, wie ich deine Regeln liebe!*
Durch deine Güte laß mich weiterleben!
   12. Dein Wort ist wahr und zuverlässig, Herr,*
   für immer gilt, / was du entschieden hast.
13. Wer dein Gesetz liebt, / der hat Glück und Frieden,*
kein Hindernis kann ihn zum Straucheln bringen.
   14. Herr, / meine Hoffnung ist, daß du mir hilfst;*
   ich führe aus, / was du befohlen hast.
15. Nach deinen Weisungen will ich mich richten,*
mit ganzem Herzen hänge ich an ihnen.
   16. Du hast mir Weisung und Gebot gegeben *
   und siehst genau, wie ich mich daran halte.
17. Laß meine Bitte zu dir dringen, Herr;*
mach dein Versprechen wahr, / gib mir Verständnis!
   18. Laß meinen Hilferuf zu dir gelangen!*
   Du hast mir zugesagt, daß du mich rettest!
19. Streck deine Hand aus, Herr, um mir zu helfen;*
ich habe mich für dein Gesetz entschieden!
   20. Daß du mich rettest, ist mein größter Wunsch,*
   und dein Gesetz ist meine größte Freude.
Kehrvers

Um Führung und Hilfe

Strecke deine Hände vom Himmel herab
(Psalm 144,1-4.7-11)

V/A: *Herr, mein Beschützer, / ich preise dich!*
1. Du mein treuer Helfer, meine Burg, / meine sichere Festung und mein Retter,*
mein Schild, hinter dem ich mich berge.
    2. Was ist denn der Mensch, Herr, / daß du ihn beachtest?*
    Was bedeutet er dir, der vergängliche Mensch, / daß du dich mit ihm abgibst?
3. Wie ein Hauch ist der Mensch,*
sein Leben gleicht dem schwindenden Schatten.
    4. Streck deine Hände vom Himmel herab, o Herr,*
    reiß mich heraus aus der tödlichen Flut!
5. Rette mich vor der Macht der Fremden, die niemals die Wahrheit sagen *
und selbst dann noch lügen, wenn sie die Hand zum Schwur erheben.
    6. Gott, / ich will ein neues Lied für dich singen,*
    auf der zehnsaitigen Harfe will ich für dich spielen.
7. Du hast Königen den Sieg gegeben;*
du hast David, deinen Diener, / gerettet vor dem Schwert seiner Feinde.
    8. Befreie mich, / rette mich vor der Macht der Fremden, die niemals die Wahrheit sagen *
    und selbst dann noch lügen, / wenn sie die Hand zum Schwur erheben.
Kehrvers

Richte uns doch wieder auf
(Psalm 80,2-8.15.19.20)

V/A: *Richte uns doch wieder auf!*
1. Hör uns, Hirt Israels,*
der du Josefs Nachkommen führst wie eine Herde!
    2. Der du über den Keruben thronst,*
    zeige dich in strahlendem Glanz!
3. Entfalte deine gewaltige Macht;*
komm und hilf uns!
    4. Gott, richte uns wieder auf! / Blick uns freundlich an,*
    dann ist uns geholfen!

5. Gott, Herr der Welt,*
wie lange willst du noch zornig schweigen, / wenn dein
Volk zu dir betet?
    6. Du hast uns Kummer zu essen gegeben *
    und becherweise Tränen zu trinken.
7. Du hast uns zum Zankapfel der Nachbarn gemacht,*
unsere Feinde treiben ihren Spott mit uns.
    8. Gott, Herr der Welt, / richte uns doch wieder auf!*
    Blick uns freundlich an, / dann ist uns geholfen!
9. Komm wieder zu uns, / Gott, Herr der Welt!*
Blicke vom Himmel herab und sieh auf uns!
    10. Wir wollen nie wieder von dir weichen!*
    Erhalte uns am Leben, / wir werden dich dafür ehren!
11. Gott, Herr der Welt, / richte uns doch wieder auf!*
Blick uns freundlich an, / dann ist uns geholfen!
Kehrvers

Alle, die deine Hilfe begehren
(Psalm 70,2.3.5.6)

V/A: *Gott, rette mich, / komm, hilf mir bald!*
1. Schimpf und Schande komme über sie,*
die mir nach dem Leben trachten!
    2. Zurückweichen sollen sie und zuschanden werden,*
    die an meinem Unglück Freude haben!
3. Doch alle, die deine Nähe suchen,*
sollen über dich jubeln und glücklich sein!
    4. Alle, die deine Hilfe begehren,*
    sollen immer wieder rufen: / »Gott ist groß!«
5. Ich bin arm und wehrlos;*
Gott, komm bald zu mir!
    6. Du bist doch mein Helfer und Befreier,*
    Herr, laß mich nicht länger warten!
Kehrvers

Wende dich uns wieder zu
(Jesaja 63,15.17.19;64,1-3.7.8)

V/A: *Herr, wende dich uns wieder zu.*
1. Herr, sieh herab von deinem Himmel,*
wo du in Heiligkeit und Hoheit thronst!
2. Wo ist deine brennende Liebe zu uns?*
Wo ist deine unvergleichliche Macht?
3. Hast du kein Erbarmen mehr mit uns?*
Wir spüren nichts davon, daß du uns liebst!
4. Herr, / du bist doch unser Vater!*
Warum hast du zugelassen, / daß wir von deinem Weg
abwichen?
5. Warum hast du uns so starrsinnig gemacht,*
daß wir dir nicht mehr gehorchten?
6. Wende dich uns wieder zu! / Wir sind doch deine Diener,*
wir sind doch das Volk, / das dir gehört!
7. Reiß doch den Himmel auf und komm herab,*
daß die Berge vor dir erbeben!
8. Komm plötzlich und mit großer Macht,*
wie die Flammen trockenes Reisig ergreifen / und das
Wasser im Kessel zum Sieden bringen!
9. Vollbringe Taten, die uns staunen lassen *
und noch unsere kühnste Erwartung übertreffen!
10. Noch nie hat man von einem Gott gehört,*
der mit dir zu vergleichen wäre;
11. noch nie hat jemand einen Gott gesehen, / der so gewaltige Dinge tut *
für alle, die auf ihn hoffen.
12. Herr: Du bist unser Vater! / Wir sind der Ton, du bist
der Töpfer;*
wir alle sind von deiner Hand geschaffen.
13. Darum sei nicht so zornig auf uns; / trag es uns nicht für
immer nach,*
daß wir uns so schwer vergangen haben.
14. Wir alle sind dein Volk!*
Sieh uns doch freundlich an!
Kehrvers

Bei dir suche ich Zuflucht

(Psalm 57,2-4.6.8-12)

V/A: *Erbarm dich, Gott, hab Erbarmen mit mir!*
1. Bei dir suche ich Zuflucht, / im Schutz deiner Flügel will ich mich bergen,*
bis das Unglück vorüber ist.
    2. Zu Gott, dem Höchsten, schreie ich,*
    zu ihm, der sich auf meine Seite stellt.
3. Vom Himmel her wird er mir Hilfe schicken,*
auch wenn mein Verfolger noch so höhnt!
    4. Gott steht mir bei,*
    denn er ist treu und gütig!
5. Gott, überstrahle den Himmel mit deiner Herrlichkeit *
und erfülle die Erde mit deiner Macht!
    6. Mein Herz ist ruhig geworden, Gott, / ich fühle mich
    wieder sicher;*
    mit einem Lied will ich dich preisen.
7. Wach auf, mein Herz! / Harfe und Laute, wacht auf,*
denn heute will ich die Sonne wecken!
    8. Dir, Herr, bringe ich meinen Dank,*
    von dir will ich singen vor allen Völkern;
9. denn deine Güte reicht bis an den Himmel *
und deine Treue, so weit die Wolken ziehen!
    10. Gott, überstrahle den Himmel mit deiner Herrlich-
    keit *
    und erfülle die Erde mit deiner Macht!
Kehrvers

Auf Hilfe von Menschen ist kein Verlaß

(Psalm 60,13.14)

V/A: *Mit Gott auf unserer Seite vollbringen wir Großes!*
1. Komm du uns in unserer Not zu Hilfe;*
auf Hilfe von Menschen ist kein Verlaß!
    2. Mit Gott auf unserer Seite vollbringen wir Großes;*
    denn er wird unsere Feinde zertreten.
Kehrvers

Zeige mir den Weg
(Psalm 25,1-11.16-18.20.21.12)

V/A: *Auf dich, Herr, richte ich mein Herz und meinen Sinn!*
1. Dir, meinem Gott, vertraue ich; / enttäusche mich
nicht!*
Diesen Triumph dürfen meine Feinde nicht haben!
    2. Enttäuscht wird keiner, der auf dich hofft;*
    aber wer dich treulos verläßt, wird zuschanden.
3. Herr, / zeig mir den Weg, den ich gehen soll;*
laß mich erkennen, was du von mir verlangst.
    4. Lehre mich, deine Treue zu sehen,*
    und in Treue zu dir mein Leben zu führen.
5. Du bist doch der Gott, bei dem ich Hilfe finde;*
auf dich hoffe ich zu jeder Zeit.
    6. Erinnere dich, Herr, / daß du schon immer *
    voll Güte und Erbarmen warst.
7. Herr, / denke nicht mehr an die Fehler meiner Jugend,*
auch nicht mehr an die späteren Vergehen;
    8. aber denke an mich in deiner Liebe – *
    auf deine Güte verlasse ich mich!
9. Gut und zuverlässig ist der Herr:*
Den Sündern zeigt er den richtigen Weg;
    10. den Entrechteten verhilft er zu ihrem Recht *
    und lehrt sie, seinen Willen zu erkennen.
11. Alles, was Gott tut, ist Güte und Treue *
für die, die seinen Bund achten / und seinen Weisungen gehorchen.
    12. Um deiner eigenen Ehre willen, Herr, / vergib mir
    meine Schuld – *
    sie ist so groß!
13. Herr, / wende dich mir zu und hab Erbarmen;*
ich bin so allein und hilflos.
    14. Mein Herz wird immer mehr von Angst gequält;*
    befreie mich von jedem Druck!
15. Sieh doch mein Elend an und meine Not!*
Vergib mir meine ganze Schuld!
    16. Beschütze mein Leben und rette mich!*
    Bei dir suche ich Zuflucht, / enttäusche mich nicht!
17. Laß Reinheit und Redlichkeit von jetzt an mein Leben
bestimmen;*
Herr, / ich rechne mit dir.
    18. Wer dich, o Herr, ernst nimmt,*
    dem zeigst du den Weg, den er gehen soll.
Kehrvers

Der Herr ist mein Licht
(Psalm 27,1.2.4-11.14)

V/A: *Der Herr ist mein Licht!*
1. Der Herr befreit mich und hilft mir;*
darum habe ich keine Angst.
    2. Bei ihm bin ich sicher wie in einer Burg;*
    darum zittere ich vor niemand.
3. Wenn meine Feinde mich bedrängen, / wenn sie mir voller Haß ans Leben wollen,*
dann stürzen sie und richten sich zugrunde.
    4. Nur eine Bitte habe ich an den Herrn,*
    das ist mein Herzenswunsch:
5. Solang ich lebe, / möchte ich in seinem Tempel bleiben *
und dort an jedem Tag erleben, / wie gut er zu mir ist.
    6. Herr, laß mich hören,*
    welchen Weg ich gehen soll.
7. Wenn schlimme Tage kommen,*
nimmt der Herr mich bei sich auf.
    8. Er gibt mir Schutz unter seinem Dach *
    und stellt mich auf sicheren Felsengrund.
9. Mit lautem Jubel danke ich dem Herrn,*
mit Singen und Spielen preise ich ihn.
    10. Herr, / höre mich, wenn ich dich rufe;*
    hab doch Erbarmen und antworte mir!
11. Ich erinnere mich an deine Weisung;*
du hast gesagt: »Kommt zu mir!«
    12. Darum suche ich deine Nähe, Herr.*
    Verbirg dich bitte nicht vor mir!
13. Jag mich im Zorn nicht von dir weg!*
Du hast mir doch immer geholfen;
    14. laß mich jetzt nicht im Stich!*
    Verstoß mich nicht, / Gott, du mein Retter!
15. Wenn auch Vater und Mutter mich verstoßen,*
du, Herr, nimmst mich auf.
    16. Herr, zeige mir den richtigen Weg,*
    leite mich auf gerader Bahn.
17. Vertrau auf den Herrn,*
sei stark und fasse Mut!
Kehrvers

Bei dir, Herr, wohnt die Weisheit

(Salomos Gebet um Weisheit – Weisheit 9,1-6.9-11)

V/A: *Gib mir deine Weisheit, o Herr!*
1. Durch dein Wort hast du das Weltall geschaffen,*
durch deine Weisheit den Menschen ins Dasein gerufen.
   2. Du hast ihm den Auftrag gegeben, / über deine Geschöpfe zu herrschen,*
die Schöpfung nach deinen guten Weisungen zu bewahren / und unbestechlich über dem Recht zu wachen.
3. Gib mir die Weisheit, die mit dir den Thron teilt!*
Schließ mich nicht aus von deinen Kindern!
   4. Ich bin nur dein Sklave, / deine Sklavin hat mich geboren;*
ein schwacher Mensch bin ich, dem ein kurzes Leben zugemessen ist.
5. Selbst wenn ein Mensch vollkommen wäre,*
er wäre nichts ohne die Weisheit, die von dir kommt.
   6. Bei dir, Herr, wohnt die Weisheit, / die alle deine Werke kennt:*
sie war dabei, als du die Welt geschaffen hast.
7. Sie kennt auch deinen Willen und weiß,*
was nach deinen Geboten recht und gut ist.
   8. Sende sie herab aus deinem Himmel,*
schicke sie mir von deinem Thron,
9. damit sie mir hilft und ich begreifen lerne,*
was in deinen Augen gut ist.
   10. Denn die Weisheit weiß und versteht alles.*
Sie wird mich leiten.
11. Sie wird mich durch ihren leuchtenden Glanz vor Irrtum bewahren,*
damit ich immer umsichtig handle.
Kehrvers

Wende uns deine Liebe zu
(Psalm 67)

V/A: *Gott, wende uns deine Liebe zu!*
1. Gott, / wende uns deine Liebe zu und segne uns,*
blicke uns freundlich an!
    2. Dann sieht man auf der ganzen Erde, / wie du uns
    führst,*
    und alle Nationen erkennen, / wie du hilfst und befreist.
3. Gott, / die Völker sollen dir danken,*
alle Völker sollen dich preisen!
    4. Sie sollen vor Glück und Freude singen;*
    denn du regierst sie alle gerecht, / du lenkst alle Nationen
    auf der Erde.
5. Gott, / die Völker sollen dir danken,*
alle Völker sollen dich preisen!
    6. Die Erde hat gute Ernte gebracht;*
    so segnet uns Gott, unser Gott!
7. Er segne uns,*
und alle Welt soll ihn ehren!
Kehrvers

Er lasse alle deine Pläne gelingen!
(Psalm 20,2-6)

V/A: *Der Herr gebe dir alles, worum du ihn bittest!*
1. Der Herr gebe dir Antwort, wenn du in Not gerätst und
zu ihm schreist;*
er selbst, / der Gott Jakobs, / sei dein Beschützer!
    2. Er sende dir Hilfe aus seinem Heiligtum,*
    mächtigen Beistand vom Zionsberg!
3. Er vergesse keine deiner Gaben *
und nehme dein Opfer gnädig an!
    4. Er erfülle die Wünsche deines Herzens *
    und lasse alle deine Pläne gelingen!
5. Dann wollen wir voll Freude jubeln und den Namen unseres Gottes rühmen,*
weil er dir zum Sieg verholfen hat.
Kehrvers

Er segne alle, die ihn verehren
(Psalm 115,9-18)

V/A: *Glück und Gelingen gebe euch der Herr!*
1. Ihr Israeliten, vertraut dem Herrn!*
Er ist eure Hilfe und euer Schutz.
   2. Ihr Priester, vertraut dem Herrn!*
   Er ist eure Hilfe und euer Schutz.
3. Ihr alle, die ihr ihn verehrt, / vertraut dem Herrn!*
Er ist eure Hilfe und euer Schutz.
   4. Der Herr denkt an uns und will uns segnen.*
   Er segne ganz Israel / und alle Priester!
5. Er segne alle, die ihn verehren,*
Niedrige und Hohe miteinander!
   6. Der Herr schenke euch große Familien,*
   euch und allen euren Kindern!
7. Glück und Gelingen gebe euch der Herr,*
der Himmel und Erde geschaffen hat!
   8. Der Himmel gehört dem Herrn allein,*
   doch die Erde hat er den Menschen anvertraut.
9. Die Toten können ihn nicht mehr preisen;*
sie sind dort, wo man für immer schweigt.
   10. Wir aber wollen ihm danken,*
   jetzt und in aller Zukunft!
11. Preist den Herrn –*
Halleluja!
Kehrvers

Der Herr möge euch reich beschenken
(Numeri 6,24-26)

V/A: *Der Herr möge euch reich beschenken.*
1. Der Herr möge euch reich beschenken *
und euch allzeit beschützen!
   2. Freundlich blicke er euch an *
   und wende euch seine Liebe zu!
3. Er sei euch nahe *
und schenke euch Glück und Frieden!
Kehrvers

Vergib mir meine Verfehlungen

(Psalm 51,3-14.16-19)

V/A: *Gott, du bist reich an Liebe und Güte!*
1. Herr, erbarme dich über mich,*
vergib mir meine Verfehlungen!
   2. Nimm meine ganze Schuld von mir,*
   wasche mich rein von meiner Sünde!
3. Ich weiß, ich habe Unrecht getan,*
meine Fehler stehen mir immer vor Augen.
   4. Gegen dich selber habe ich mich vergangen,*
   ich habe getan, was du verabscheust.
5. Darum bist du im Recht, wenn du mich schuldig
sprichst.*
Es wird sich zeigen, daß dein Wort gilt.
   6. Verfehlung und Schuld bestimmen mein Leben,*
   seit meine Mutter mich in diese Welt hineingeboren hat.
7. Das war mir verborgen; / du hast es mir gezeigt.*
Dir gefällt es, / wenn einer die Wahrheit erkennt.
   8. Nimm meine Schuld von mir, / dann werde ich rein!*
   Wasche mich, dann werde ich weiß wie Schnee!
9. Laß mich wieder Freude erleben *
und mit deiner Gemeinde jubeln.
   10. Herr, / du hast mich völlig zerschlagen;*
   richte mich doch wieder auf!
11. Sieh nicht auf meine Verfehlungen,*
tilge meine ganze Schuld!
   12. Mach mich zu einem neuen Menschen, Herr,*
   der fest und beständig zu dir hält!
13. Vertreibe mich nicht aus deiner Nähe,*
entzieh mir nicht deinen göttlichen Geist!
   14. Mach mich doch wieder froh durch deine Hilfe,*
   und gib mir ein gehorsames Herz!
15. Gott, du bist mein Retter! / Ich habe den Tod verdient, /
aber verschone mich!*
Dann werde ich laut deine Treue preisen.
   16. Herr, / vergib mir die Schuld, die mir den Mund
   verschließt!*
   Dann kann ich deine Güte vor allen rühmen.
17. Tieropfer willst du nicht, ich würde sie dir geben;*
aus Brandopfern machst du dir nichts.
   18. Wenn einer seinen Hochmut aufgibt, / wenn er
   dir, Gott, nicht länger trotzt – *
   dieses Opfer weist du nicht ab.
Kehrvers

Du bist doch ein Gott, der vergibt
(Das Gebet Manasses 1-7.9.11-15)

V/A: *Du bist doch ein Gott, der vergibt.*
1. Herr, / du Herrscher des Alls,*
du Gott, / dem unsere Vorfahren dienten.
    2. Du hast Himmel und Erde geschaffen *
    samt allem, was sie füllt und schmückt.
3. Durch dein Wort hast du das Meer gefesselt / und seine
wilde Macht in den Abgrund verbannt;*
es fürchtet deinen ruhmgekrönten Namen.
    4. Alles bangt und zittert vor dir,*
    wenn du dich zeigst in deiner Macht.
5. Die Größe deiner Herrlichkeit ist unerträglich; / und deinem Zorn kann keiner widerstehen,*
wenn du denen entgegentrittst, / die sich gegen dich aufge-
lehnt haben.
    6. Doch die Güte, die du uns zugesagt hast,*
    ist ebenso groß und unermeßlich.
7. Du bist der Herr, / du bist der Höchste;*
deshalb bist du voller Liebe / und hast Geduld und Erbarmen mit uns.
    8. Es schmerzt dich,*
    wenn du uns strafen mußt.
9. Die Zahl meiner Vergehen ist größer *
als die der Sandkörner am Meeresstrand;
    10. meine bösen Taten lasten auf mir, Herr,*
    das Gewicht ihrer Menge erdrückt mich.
11. Ich bin es nicht länger wert, zu leben *
und die Augen zum Himmel zu erheben.
    12. Die Last meiner Schuld ist so groß und schwer, / daß
    ich mich nicht mehr aufrichten kann;*
    darum finde ich keine Ruhe mehr.
13. Nun aber beuge ich vor dir die Knie *
und flehe aus tiefstem Herzen um Gnade!
    14. Ich bin schuldig, Herr, / ich bin schuldig vor dir,*
    ich kenne alle meine bösen Taten.
15. Aber ich bitte dich, / ich schreie zu dir:*
Vergib mir, Herr, / vergib meine Schuld!
    16. Laß mich nicht umkommen in meinen Sünden, /
    blick nicht ständig auf meine Vergehen,*
    sei nicht für immer zornig auf mich!
17. Verstoß mich nicht in die Totenwelt,*
in den Abgrund tief unter der Erde!

18. Du, Herr, bist doch ein Gott, der vergibt;*
wer zu dir umkehrt, den nimmst du an.
19. Auch mir wirst du deine Güte zuwenden, / in deinem Erbarmen wirst du mich retten – *
und ich weiß doch, ich habe es nicht verdient!
20. Dafür will ich dich immer preisen mit allem, was ich bin und habe,*
an jedem Tag, den ich noch leben darf.
21. Dich preisen alle Mächtigen im Himmel,*
dir gehört die Herrlichkeit für alle Zeiten!
Kehrvers

Gebet im Alter
(Psalm 71,17-24)

V/A: *Gott, deine Treue reicht bis an den Himmel.*
1. Gott, / du hast mich unterwiesen seit meiner Jugend,*
und bis heute erzähle ich von deinen Wundern.
2. Auch jetzt, / wo ich alt und grau geworden bin,*
verlaß mich nicht, / mein Gott!
3. Ich möchte meinen Kindern und Enkeln erzählen,*
wie mächtig du bist / und wie gewaltig deine Taten sind.
4. Gott, / deine Treue reicht bis an den Himmel!
Du hast große Dinge vollbracht. / Wer ist wie du?
5. Schlimme Zeiten hast du mich sehen lassen,*
doch immer wieder schenkst du mir das Leben / und rettest mich vor dem sicheren Grab.
6. Immer wieder tröstest du mich *
und bringst mich zu größeren Ehren als zuvor.
7. Darum will ich dich preisen mit meinem Saitenspiel,*
ich will deine Treue rühmen, mein Gott!
8. Zur Laute will ich dir Loblieder singen,*
dir, / dem heiligen Gott Israels.
9. Voll Freude will ich über dich jubeln,*
denn du hast mich befreit.
10. Du tust, / was du versprochen hast;*
von früh bis spät will ich davon erzählen.
11. Alle, die mein Verderben suchen,*
werden schmachvoll untergehen.
Kehrvers

Gebet zum Heiligen Geist
(Pfingst-Sequenz)

1. Komm herab, o Heiliger Geist, /
der die finstre Nacht zerreißt, /
strahle Licht in diese Welt.

   2. Komm, der alle Armen liebt, /
   komm, der gute Gaben gibt, /
   komm, der jedes Herz erhellt.
3. Höchster Tröster in der Zeit, /
Gast, der Herz und Sinn erfreut, /
köstlich Labsal in der Not,

   4. in der Unrast schenkst du Ruh, /
   hauchst in Hitze Kühlung zu, /
   spendest Trost in Leid und Tod.
5. Komm, o du glückselig Licht, /
fülle Herz und Angesicht, /
dring bis auf der Seele Grund.

   6. Ohne dein lebendig Wehn /
   kann im Menschen nichts bestehn, /
   kann nichts heil sein noch gesund.
7. Was befleckt ist, wasche rein, /
Dürrem gieße Leben ein, /
heile du, wo Krankheit quält.

   8. Wärme du, was kalt und hart, /
   löse, was in sich erstarrt, /
   lenke, was den Weg verfehlt.
9. Gib dem Volk, das dir vertraut, /
das auf deine Hilfe baut, /
deine Gaben zum Geleit.

   10. Laß es in der Zeit bestehn, /
   deines Heils Vollendung sehn /
   und der Freuden Ewigkeit.
A: Amen. / Halleluja.

Bücher, die Antwort geben:

Georg Popp   **Neuerscheinung!**
Aus Gottes Kraft leben

Mit praktischen Beispielen zeigt Georg Popp auf, wie wir
Gottes Kraft und Führung in vielen Situationen unseres All-
tags erfahren können. Ein wichtiges Handbuch mit vielen
Beispielen.

Georg Popp
Einander zum Segen werden

»Der Verfasser versteht es, mit vielen Beispielen dem Leser
eine neue, heitere Sicht des Lebens zu schenken. Es ist ein
frohmachendes, befreiendes Buch.« (Evang. Kirchenbote
Speyer).

Georg Popp
Das Kursbuch für mein Leben
Die Bibel, Kraft und Hilfe für den Alltag

»Georg Popp verfügt über die noch frische Erfahrung, wie
man die Bibel und ihre Botschaft sich geistig zu eigen machen kann... Es ist der große Vorteil dieser Gebrauchsan-
leitung, daß sie hilft, die Bibel selbst zum Sprechen zu bringen...« (Prof. Dr. Otto Knoch)

Georg Popp
Der uns trägt und führt

»Lebensnah und lebendig ist dieses Buch über Gottes
Größe, Liebe und Treue. Der Autor zeigt auf, daß ein Leben
mit Gott ein Leben voller Kraft, voller Ausgeglichenheit und
frei von Ängsten ist.« (Volksblatt)

Bücher, die Mut machen:

Georg Popp
Ich lasse dich nicht allein

Die liebende Zuwendung Gottes ist der Grundgedanke dieses preisgünstigen Bildbandes, der mit seinen einfühlsamen Texten vielen kranken und depressiven Menschen Mut und Hoffnung schenken wird.

Georg Popp
Ich liebe dich über alle Maßen

Dieser preisgünstige Bildband, von dem viel Geborgenheit, ein tiefer Friede und eine neue Lebensfreude ausgehen, erzählt von der zärtlichen Liebe Jesu zu jedem einzelnen Menschen.

Georg Popp
Der uns die Angst nimmt

»Ein engagiertes Buch, das in lebendiger Form und mit vielen Beispielen aus der Praxis in die auch heute noch wirksame Kraft des heiligen Geistes einführt. Es will viele Leser von den Ängsten des Alltags befreien und neue Hoffnung schenken.«   *(Würzburger Diözesanblatt)*

Georg Popp
Die Macht der kleinen Schritte

»Schritt für Schritt zeigt Georg Popp auf, wie wir unser Leben ruhiger, gelassener und ausgeglichener gestalten und ohne große Anstrengung das Leben positiv verändern können.«   *(Neue Bücherschau)*

Bücher, die einen Weg zeigen:

In über 900 000 Exemplaren sind die bekannten »Großen der Welt«-Bände von Georg Popp schon erschienen:

Die Großen der Bibel

Der Leser findet anschauliche Eindrücke in das Leben der Frauen und Männer des Alten Testaments ebenso wie der Frauen und Männer um Jesus. Ein faszinierendes Buch, das jeder Christ nicht nur besitzen, sondern auch gelesen haben sollte.
»Dieser großangelegte und gutgegliederte Band wird einen vielversprechenden Zugang zum Buch der Bücher eröffnen.« *(Bibelreport)*

Die Großen des Glaubens

Dieses neue Standardwerk will zeigen, wie Menschen aller Jahrhunderte und aller Konfessionen von Gott her den Sinn und den Halt ihres Lebens fanden. »Ein Geschenkbuch für alle engagierten Christen.« *(Platow-Buch-Service)*
»Eine faszinierende Sammlung von Lebensbildern, die jeden Leser in ihren Bann ziehen.« *(Trierischer Volksfreund)*

Im Herbst 1989 erscheint:

Die Großen der Liebe

Dieser Band überragt alle bisherigen. Vier große Abschnitte bilden den Inhalt: »Die Liebe in der Dichtung« – »Die großen Liebenden« – »Geistige Liebe« – »Gottesliebe«. Ein Buch, das jeden Leser tief beeindrucken wird.